思考方法

周　顯

Contents

序　這是我埋首政治系列之餘,「不務正業」之作,用意是寫一本相對淺白的,讓緊繃的腦筋鬆一鬆,是為「思想放假」,算是另類的「working holidays」。

我並非哲學科班,出版普及思考,未免不自量力。也許本書的程度,好比中學生寫給小學生看,這也是常有的事。我想,高中程度以至大學的非哲學系學生,應能讀通,也有一定的難度,不致覺得太粗淺。

寫本書的緣起,是「應讀者要求」,事關這幾年讀者頗有留言,希望我公開自己的思考方法。希望留言的讀者,都掏錢包買一本兩本,好讓出版商收回部分成本,賺錢是不敢希冀的了。

除了思考方法,我還夾進了微量的邏輯,科學方法,以及個人心得,算是甚麼都有的大雜薈。由於這是入門簡讀,因此很大程度上,是「名詞簡釋的大集合」,此組合也是坊間所沒有的。賣花讚花香,如果本人是讀者,我會覺得很好看,也很實用。

本擬是五萬字的小書,花了四個周末日,還有一整天的時間用來修改,即共九個工作日,寫了八萬字。後來幾年,想到就寫,又加進了一些內容,合共約十萬字。湊合寫成,編排有點兒混亂,只因涉及概念太多,前後相扣,難有順序可言。

一本小書,要闡釋太多的概念,難免走馬看花、浮光掠影,如果篇幅翻倍,把概念更詳細地寫清楚,以及加上更多的例子,當更完美。但這樣,則又失了「寫一本小書」的本意:誰耐煩看一本接近二十萬字的思考著作?

1. 信息：開始撰寫本書之前，計劃是先寫「抽象」，因我認為這是最基本的。到了寫第一個字之前，忽想，「語言」應先於抽象。找「語言」資料之時，赫然發現，還是要先講「交流」……到最後，敲定了，「信息」才是最基本。於是，就這樣開始了。

   「信息」，又可稱為「資訊」，是一科學術語，它代表了所有可以傳播的……嗯，或許可以說是「單位」吧。通常，我們會把信息視作「光」，因為光是自然界用來儲存和傳播信息的基本途徑，從電台的聲音、到電視的影像，以至手機、互聯網、衛星等等大氣電波的傳播，遠及太空收到的信息，統統都是光。

2. 交流：信息可以單方面甲對乙，也可單方面乙對甲，更可甲乙互相交流，以至於一方對多方，或多方對一方。

   物理學有一句話：不被觀察的月亮存在嗎？或可這樣表達：如果沒有任何事物和月亮作出任何互動，那月亮的存在與否，則無任何意義可言。

   好有一比：少年時，有一天，和朋友在路邊瞎聊，迎面走來一位美女，我目不轉睛，朋友淡淡說：「別看了，她不是女人。」

   我吃了一驚：「你怎知？」

   朋友說：「你能溝到她嗎？既然溝不到，她對你而言，就不是女人了。」

   信息也是一樣：不交流的信息，等於沒有信息。

3. 語言：雙方交流，必先有一個共同基礎，用電腦的語言，就是「作業平台」，否則雞同鴨講，互不理解，也就無法交流。語言就是用來交流的工具，也即是人類交流的作業平台。

人類有語言，包括很多很多不同的語系，同一語言系統，又分不同的方言，例如說，「尼日-剛果語系」包含了 1,514 種語言。不同的語言的表達並不能完全互相兌換，例如漢語的表哥、表弟、表姐、表妹、堂哥，堂弟，堂姐、堂妹，在英語，都是「cousin」，無法區分。日語的曖昧性也是出名難以翻譯為其他語言。

有語言的並不止是人類，我們發現，猴子、海豚等等高智慧生物，也各有語言，只是其複雜性及不上人語。此外，人類也發明了一些作業系統，用來交流信息，例如音樂符號、數學符號，以及電腦語言等等。廣義來看，這些也是「語言」。

我沒學過音律，腦中偶爾泛起一些旋律，卻因不懂音律，無法記下，很快忘記了。對，語言是思考的工具，非但幫助到思考，也有助於記憶，但語言有也局限性，正如漢語無法完全翻譯英語，我們也知道，不懂數學符號難以思考高級的數學難題。理論上，世上可有無數種語言，正如電腦人也可以不停的「發明」新的電腦原始碼。既有無數未被發明的語言，意即有無數未被發明的（而理論上應存在的）表達，從而證明，人類囿於語言能力的不足，因此，思考能力也是有限的。

沒錯，這前三節的目的，就是指出思考的局限性。這是「思考方法」的最基本原理。

4. 文字：文字是語言的「升級」。人類從口語升級至文字，估計不超過一萬年。最初，文字的作用只是記錄信息，待得它進化成為幫助思考的工具，用來表達高抽象性概念，和口語難以表達的複雜推理，在中國，應是在《老子》、《莊子》、《韓非子》之時，也即大約只有二千多年的歷史而已。

所有文字所能表達的東西，不管多麼複雜，口語都能作出相同的效果，只是更更更困難。這其中的分別，好比你寫下一千字的文章，然後和別人根據這篇文章來推理、來爭辯，相比你和別人把這一千字分別記下、背誦，再靠記憶來就此作推理、爭辯，這其中難度的分別，可以想像。

我說的是「困難」，並非不可能。在古印度，文字記錄非常罕有，人們知識的來源就是記誦。釋迦牟尼死後，嗯，正確應稱為「涅槃」後，五百門人舉行了一次大結集，把祂生平的言論集合起來，並且集體記誦。

這次「大結集」得出來共識，後來傳到中國，其中由中亞傳來的，稱為「北傳佛教」。信徒把口語寫成文字，分別為《增一阿含經》、《中阿含經》、《長阿含經》、《雜阿含經》，「阿含」大約是「聖人的教訓」的意思。這四經合稱《四阿含》，合共1,811,466字。在寫成文字之前，佛教徒照樣背誦，

亦能憑藉口語就此爭辯。這證明了，單用口語，也能作出高級思考。

《四阿含》在中國曾被寫成簡明版，就是《四十二章經》。

「南傳佛教」則在錫蘭（即「斯里蘭卡」、暹羅（即「泰國」）、緬甸、高棉（即今日的「柬埔寨」）等地流行，其經典分為《長部經典》、《中部經典》、《相應部經典》、《增支部經典》、《小部經典》等五部，內容和《四阿含》大致相同，次序則大有分別。

之後，佛教徒又舉行了好幾次大集結，目的也是把紛亂的版本統一起來。「第四次集結」已是釋迦牟尼死後六百多年，這一次開始有文字記錄了。1871年，在緬甸，佛教徒舉行了「第五次集結」，參與者有二千四百人。集結者把這次的記錄寫成緬甸文，分發至緬甸各地。錫蘭、暹羅也集結過，成果也寫成為文字，不過規模比較小。這些國家的集結均只有自己人承認，沒有他國承認。

這即是説，人們始終還是認為，高級思考時，文字還是比口語更有效率。再説，漢語版的佛學經典總匯名叫《大藏經》，總字數超過一億，也根本不可能完整記誦。

5.　日常語言與專業語言：人類使用語言來溝通，別説是人類，就是狗、猴這些高智慧生物，也能聽懂日常使用的語言。不通語言，無法在人類社會中生活，所以這是天生的能力。

可是，另外有一些「語言」，是供給專業人士所使用，我們在日常生活中並沒用到，一般人不會也不用懂得，例如音樂符號、邏輯符號、電腦程式語言，以至於一些已不被人類使用的死文字，如契丹文，諸如此類。

日常語言和專業語言之間的界線很模糊：很多人都學過音律、懂得音樂符號，唸中學時誰沒學過 sin、cos 這些數學符號呢？「高度平衡的陷阱」也許只有歷史學和政治學的碩士級以上方才聽過，但是中學生也有不少人可以活用「意識形態」這詞語。

至於契丹文，在一千年前的東北亞洲，是日常語言，時至今日，則只有專業人士才能讀寫。普什圖語在阿富汗是國語，但在美國，懂得的恐怕不超過一百人。

英文把專業名詞稱作「jargon」，中文譯作「行話」。

6.　圖像：思考的所據，並不一定是用文字，也可以用圖像，例如說，地圖，又或者是影像，如人的樣貌，又或者是視頻，本身都是圖像，反而難以用文字來作出表達。

然而，圖像思考固然有其必要性，但它卻不可以代替文字，皆因圖像是高度抽象的「語言」。肯定的是，畫家必然是用圖像來思考，有的人思考會跳出圖像，有的人說，用圖像來思考的人更聰明，至少我不是這種人，我也不同意這說法。我認為，正解應是圖像結合口語、或文字，電影工作者必然是兩

者結合，而以 PowerPoint 去對群眾作推介的時候，更加要三者結合。總之，我們在作出某些思考時，必須使用語言。這正如我們作出邏輯推理，或數學演算時，也必須使用邏輯符號，或數學符號。

7.　圖像、口語、文字：低等生物如昆蟲只靠本能行動，不識語言的高級生物，如貓、狗、豬、鳥等等，用圖像來思考。如果只懂簡單口語，如猴子、海豚、鸚鵡等，則只能幫忙它們的日常生活溝通，無法增強思考能力。

別說其他生物，就是人類的一些原始族群，沒有大量的抽象字彙，也難以作出現代標準的高級思考。

菲律賓最大母語群是他加祿語，佔了接近三成人口，即近三千萬人使用，如果連「懂得作為第二語言」也算上，則有七成人口。印度的最大母語是印地語，佔人口四成左右。這兩國也是現代化國家，可是，他加祿語和印地語也已混進大量英語詞彙，否則根本不敷現代複雜的高級思考的所需、

8.　語境：「語境」（context），即「語言環境」，指的是語言交流的時間、場合、地點等因素，也包括了表達、接收的時前言、後語、上下文，以及表情、手勢、態度、語調、動作等等，這些通通影響到語言的內涵和意思。

總之，同樣幾個字，在 A 場合由 A 說出，和在 B 場合同樣由 A 說出，意思可能完全不同。又或者是 A

對 B 説、和對 C 説同一句話，也可有不同意思和效果。

其至是，同一句話、同一場景、同一説者、同一受者，也可能不同，最明顯的是粗口，可能只是助語詞，也可能是罵人，這只能靠當時的「語境」，去作出判斷。

「語境」的概念出自人類學，可分為「情景語境」和「文化語境」，另一種分類方法則是「語言性語境」和「社會性語境」，表過就算，不深究了。

9.　理解：交流的目的，就是為了互相「理解」對方的想法。

有時候，要想理解對方的想法，未必需要語言、文字、圖像等等的交流平台。我觀察到，動物的交流，往往憑著直覺，已可知對方的想法。佛教的禪宗，有所謂的「頓悟」，也即是「突然明白了真理」。

所謂的「放下屠刀，立地成佛」，並非只要拋棄了殺人利器，不再殺人了，便可以馬上成為聖人先知，而是：只要你能「頓悟」出佛教的奧義真理，則立即可以得道。很明顯，如要在一瞬間明白真理，這只能靠著直覺，靈光一閃，才有佪快的效果，如果透過語言、文字、圖像等等的交流平台，單單闡釋的過程，已得耗費了大量時間，不可能做到「頓悟」。

10.　發明名詞：1990 年後，日本開始陷進長期的經濟衰

退，大約二十年後，我看過一些日本人的著作，分析說它把資金用來還債，把負債率減低。直至 2019 年，美籍華裔學者辜朝明出版了《大衰退年代：宏觀經濟學的另一半與全球化的宿命》，把這現象稱為「資產負債表衰退」（balance Sheet Recession），從此我們便可以把這現象用一個名詞來表達，用不著長篇大論去慢慢解釋。

有時候，你看到一個現象，發明了一個名詞，我看到同樣的現象，又發明了一個名詞。兩者指的是同樣的事，但卻有了不同的名詞，而這兩個不同的名詞，讀者不一定有程度看出指的是相同的事。甚至是連作者本身也不理解對方的名詞的本義，也不無可能。

這好比「高度平衡的陷阱」(high level equilibrium trap) 指的就是今日流行用語：「內捲」。查「內捲」 (involution) 這名詞在十八世紀已被使用，1936 年被一位俄國人類學家用來形容部族的停滯經濟狀況。1973 年，澳洲歷史學家 Mark Elvin 在一本著作中，發明了另一個名詞：「高度平衡的陷阱」。近年，中國人又重新挖出了「內捲」這名詞，用來形容中國的經濟現狀。畢竟，「內捲」只有兩個字，比「高度平衡的陷阱」（又有人譯為「高水平陷阱」）簡單多了。

另一個例子是，在古時，有人在早晨時見到天空中有一顆明亮的星，把它叫作「晨星」。又有人在黃昏時見到天空中有一顆明亮的星，把它叫作「金

星」。但這兩星是相同的一顆，即是「金星」。

正如前面講過，語言是人類溝通的作業平台，小至一個名詞，也是平台的一部分，可以用作溝通。現代人類的工作日趨專門化，因此也在不停的發明新名詞，以作溝通，但這些名詞卻往往太過冗長，為了使用方便，因而被簡化了，例如「全國人民代表大會」被簡化為「人大」，「中國人民政治協商會議」則簡化為「政協」。

管理學上，則有所謂的「KPI」，全稱是「key performance index」，即「關鍵績效指標」，作用是用來評估一定時間內的量化績效標準。另一個簡化的例子是「SOP」，全寫是「standard operating procedures」，即「標準作業流程」，這是指為了執行複雜的事務而設計的內部程序。

新的狀況出現，就有必要發明新的名詞，但也有舊的名詞因不常被使用，因而被時代淘汰，例如古時用來耕田的犁，在以前是農民日常的使用，但現在則變成生僻字了。

11. 抽象：「抽象」是最常被誤解、誤用的名詞之一，很多人把它解作「含混不清」，或是「無法解釋」，這明顯是錯用了。

顧名思義，「抽象」的意思，就是「抽出相像的東西」，例如説，一件衣服，一個包包，一塊蛋糕，一輛汽車，一張紙，一條辣椒，是風馬牛不相及的事物，但如果這些東西全都是紅色的，我們則可用

一個「抽象」形容詞「紅色」，來同時表達這些事物：
它們都是「紅色的東西」。

世上沒有兩件完全相同的事物。母親、姐姐、妻子
都是女人，但她是不同的人。白天和黑夜表達了不
同的時間，同一型號的電腦，兩台之間也有微小的
分別。就算是基本粒子，也會有不同的能量，以及
不同的位置。

法國歷史學家托克維爾說過，上帝不需要普遍性名
詞，因為上帝能夠具體和特殊地瞭解每一個人的特
點。可是，人類卻需要用抽象的語言去理解世界，
以及和其他人去交流。

對，語言就是把事物「抽象」出來，以便於表達的
方式。書本、壽司、中國菜、唐狗、豪宅、佛教徒、
成藥等等，是「抽象名詞」。你和心愛的人在一起，
打麻將大贏，和好友促膝長談，吃了一頓美食，蹓
到美人美景，都令你覺得快樂，雖然因不同原因
而產生的快樂並不完全相同，例如吃美食和性行為
所得到的快樂感受是兩碼子事，但仍可歸納為「快
樂」，這正是「抽出了兩者相像的地方」，因此，「快
樂」也是抽象形容詞。

那甚麼不是抽象的用字呢？例如周顯、秦始皇、曹
查理、李嘉欣，這些專名，當然不是抽象，語法的
字眼如「是」、「的」，或又者是感嘆詞等等，也
不是抽象。

12. 共相：《維基百科》的「共相」（universal）條說：

又譯為普遍性，是一哲學與佛學常用詞彙，但兩者意思不盡相同。在形上學中，共相是指在個別物體中所擁有的共通特性。舉例來說：在房間中，存在兩張個別的綠色椅子，在這兩張椅子中，都存在共通的「椅子」特質，以及「綠色」的性質。個別的椅子，稱為殊相（particular），而這兩個各別椅子中共通的特質，被稱為共相。

從定義看，「抽象」可以被視為找出「共相」的方式。下文會接著說出這兩者的分別。

13. Abstract：「抽象」的英文是「abstract」，有「抽出菁華」的意思。一篇文章的摘要，稱為「abstract」，作名詞用。

母親、姐姐、妻子都是「女人」，也是我們的「至親」，「女人」和「至親」都是重要的因素，所以我們用這兩個名詞來「抽象」地作出表達。可是，我們不會說她們都「有小指頭」，皆因這並非重要的因素。

換言之，抽象的「象」，除了「共相」之外，也要顧及其重要性：兩件事物可以有千千萬萬的「共相」，但沒有意義、太過瑣碎的「共相」，不能算作是「抽象」。

14. 抽象層次：每一個詞語都可有不同的抽象方式，母親、姐姐、妻子都是女人，也是至親，女人和至親就是不同的抽象方式：父親是你的至親，但不是女

人；公司的清潔女傭是女人，但不是你的至親。

女人是人，人是生物，因此女人是生物。女人→人→哺乳類動物，前者比較籠統，也即是更為「廣義」，後者比較精確，也即是更為「狹義」。如果更狹義地講，可以是美女→身裁好的美女→有學識而身裁好的美女……一直下去。也可以更廣義地講，哺乳類動物→生物→移動的粒子組合。

越是狹義的描述，稱作「低抽象層次」，越是廣義的描述，稱為「高抽象層次」。對於事物的討論，我們會用不同的抽象層次去作出分析。有一點要記著：不同抽象層次，分析架構不同，例如說，你去分析母親，你把她當作是至親，抑或當作是哺乳類動物，答案將完全不同。

有一本書，作者是 Murray Gell-Mann，叫《The Quark & the Jaguar: Adventures in the Simple & the Complex》（夸克與美洲豹：簡單性和複雜性的奇遇），是一本普及物理學作品，這書名就是把基本粒子和哺乳類動物放在一起。

15. 抽象思維：太高抽象層次的表達，普通人難以理解，但這是高級思考的所繫。高級思考的一個重要面向，就是看出、找出不同物事的相同規律。例如說，牛頓就是把星體運行的規律用一條簡單的數學方程式解答了出來，而這方程式適用於所有的星體運行。

銅的溶解溫度是攝氏 1,085 度，如果把銅線、銅錢、銅鼎、十八銅人都加熱至 1,085 度，它們將全都溶成

銅水，再也分別不出來。所以，我們可以說，在某一層次，銅線、銅錢、銅鼎、十八銅人是不同的東西，但在 1,085 度或更高的層次，它們是相同的東西。美國革命和明末農民流寇是不同的事件，我們可以寫出一千種不同的細節，但從某一層次看來，兩者都是不滿政府的群眾，起而推翻現政權。從不同的事物件去歸納出相同的規律，這就是抽象思維。

16. 高度抽象：人類天生可以明白抽象，語言本身已是抽象的產物。可是，太過高度的抽象卻有超出了大部分人類的理解能力。其中一個例子，是人類只要經過基本的教學，普遍可以很快掌握四則運算，可是能夠掌握高級數學的人，卻是寥寥可數。

　　學術名詞大多是高度抽象的，例如「過度期望的革命」，甚至是學術論文，也是用高度抽象的語言寫出來，故此常人不易理解。

17. 廣義化：愛因斯坦在《狹義相對論》之後，又發表了《廣義相對論》，看名字就知道，後者給出的方程出能夠計算到更多的物理現象。

　　所謂的「廣義化」(generalization) 就是提高抽象層次，例如把鸚鵡視為鳥類，有學識而身裁好的美女→身裁好的美女→女人→人→哺乳類動物→生物→移動的粒子組合，就是一步一步的把這名詞廣義化了。

　　藉著廣義化，我們可以把不同的事物歸納成同一事物，例如將三姑六婆和母親同樣地視為「女人」。

理論上，我們可以把宇宙所有的事物廣義化為同一物事，但這顯然沒有甚麼實質作用，雖然，很多狡辯者也會用這一招來迷糊別人，畢竟，故弄玄虛正是欺騙蠢人的常用招數。

18. 概念：「概念」就是把事物抽象出來的表達方式。如果你的面前出現了一位外星人，你要同他解釋甚麼是「女人」，在他的眼中，「女人」就是很複雜很難理解的「概念」。在動漫《龍珠》，獨居長大的孫悟空用了好一段時間，才明白甚麼是女人。幸好，在大部分的人類看來，「女人」的概念，基本上是不解自明。

    我們通常把比較高層次的抽象描述，才稱為「概念」。例如説，政治學有一個名詞，叫「過度期望的革命」（revolution of rising expectation），意即儘管現實中的經濟和自由度有所增長，但只要人民的期望高於現實，依然會發生革命。

19. 概念化：「概念化」（conceptualization）和廣義化都是藉著把客觀事物抽象得出總結的過程，不過前者得出的是理論，是學術性的用詞，後者則是日常作法，適用於日常思考。再用回以上的例子，「女人」是廣義化後的抽象名詞，「過度期望的革命」則是概念化所得出來的結論。

    或許説，概念化是高層次的抽象，高到我們通常不會用到「抽象」這名詞來描述。法國大革命發生在

歐洲第二富的法國，而不在其他更窮的國家如普魯士，正因這是「過度期望的革命」，這就是把事實概念化而得出的結論。

20. 抽象與現實的互換：兩個蘋果加上兩個蘋果，是四個蘋果。高等生物如烏鴉、猴子、海豚等等，都懂得這個現實世界的思考。可是，2+2=4，這是抽象概念，除了人類，沒有任何生物能學曉數學。

科學家普遍認為，懂得數學的人的智力最高，只有很少人類能夠明白高等數學，又或者是把語言轉換成為邏輯符號，以及簡單一點，經濟學所用的數學，這必須要很聰明的人，方可明白。然而，我發現，其實大部分數學很好的人，雖然的確精通數學推算，卻只有很小部分能夠把數學和符號轉換到現實處境，結果就是，很多學者的思考比普通人更笨。以經濟學為例子，有一些把數學玩到天花亂墜的學者，我驚訝地發現，他們分析現實世界時，可以錯得一塌糊塗。

總之，抽象與現實似乎是不同的智力形式，所以，很多智商很高的人，在很多套到現實方面的思考，往往顯得很笨。

21. 分類：語言本身就是一種分類方式，把不同物種分門別類，冠以名字，就是生物學的分類。同樣地，抽象也可以視為分類：把「相像」的「抽」出來，視為相同的事物。

事實上，分類本身已是一種思考方式。我寫作時，把心中的內容分成章節，已等於是寫好了大綱。

22. 定義：「定義」就是對某個概念的簡要並完整的陳述。兩個重點，第一是簡要，第二是完整，換言之，這陳述指的只能是某事物，不可能是別的。例如說，「在海中生活的哺乳類動物」有好幾種，其中之一是海豚，另一是鯨魚，因此，我會不能用這句話來定義「海豚」這生物。

又例如說，據說柏拉圖把人定義為「兩腳站立的無毛動物。」

23. 釐定性定義和規約性定義：一些詞語，例如女人、雞、機會成本、意識形態等等，其意義是很清楚、很明確的。可是，有一些詞語，例如高矮、貧富、美醜等等，根本沒有明確的定義，但有時必須要用到，例如法律要為「未成年少女」下定義，以方便用來檢控與她發生性行為的男人，遂任意地把此定在「十六歲或以下」。這種任意的定義方法，叫作「釐定性定義」(precising definition)。

另外一個可能性，就是自己發明的新用法，例如說，我只把自己的親戚朋友當作是「人」，其他不認識的全都不算是「人」，這叫做「規約性定義」(stipulative definition)。

24. 約定俗成：「約定俗成」這成語出自《荀子‧正名》。

「名無固宜，約之以命，約定俗成謂之宜，異於約則謂之不宜。」

《維基詞典》的翻譯是：「名稱本來就跟實物沒有關係，則是以大家的約定來命名，時間久了大家便認為是合適的名稱，與約定的名稱不同，則被認為是不合適的。」

《百度百科》對這名詞的說法是：「指事物的名稱或社會習慣往往是由人民群眾經過長期社會實踐而確定或形成的。」

我們日常使用的名稱、觀念、法則、行為等等，例如語言的使用，婚禮等儀式，行為的標準等等，都是「約定俗成」下的產物，而這是大概的，不準確的，但卻可以省掉了大量的思考精力。只有牽涉到科學、法律、字典等等，需要到精密的定義，才會使用到「釐定性定義」和「規約性定義」。

25. 同義反覆／套套邏輯：說穿了，「定義」就是一種「同義反覆」（tautology），又稱為「重言句」、「套套邏輯」，也即是把同樣的事物用別的方式再說一遍。例子是「所有的三角形都有三個邊」，這在符號邏輯的寫法，很簡單，不用學，連小學生也可明白，就是 A=A。

這其實是沒有任何新的意義，但是日常生活中，很多人都會把說出這種沒意義的話，而沒有受過訓練的人常會不覺這是廢話，因而被騙了，甚至覺得對方說得很有道理。

26. 描述：很多詞語都不容易精確地被定義，而且越是常用的名詞，越難定義，例如定義甚麼是「雞」，相信可難倒不少人。

就此，我們可以使用別的方法，不用簡單的定義，而是用比較多的字數，去描述它的特質。例如說，要向別人說明甚麼是「地球」，可以說：地球是太陽系行星，距太陽平均距離 14,960 萬公里，體積約 10,832 億立方公里，赤道半徑為 6,378 公里，沿橢圓形軌道繞太陽旋轉，公轉週期 365. 25 日，自轉週期 23 時 56 分，是載有生命的天體。

在日常應用，描述才是我們用來解說詞語或概念的最常用方法。定義法往往更加難明其意思所在，例如「機會成本」的定義是：「指決策過程中面臨多項選擇，當中被放棄而價值最高的選擇。」如果不進一步解釋，不容易理解其含意。但是用上實例，則容易明白得多。

《百度百科》條目的實例解說則是：「農民在獲得更多土地時，如果選擇養豬就不能選擇養雞，養豬的機會成本就是放棄養雞的收益。」很明顯，以描述和例子說明，更為清楚易明。

27. 例子：另一個比描述更加常見、而且更加容易理解的方法是「舉例」。

動物是如何認識事物的呢？以狗為例，牠明白甚麼是「人」，甚麼是「貓」，甚麼是可把牠打得很疼的「棒子」，但牠不可能聽懂「描述」，而是牠看

到過不同的人、貓、棒子，在腦中形成記憶，從而「抽象」得知這些事物的「共相」。在這之後，就算是狗子看到不認識的人、沒見過的貓隻、沒抽過牠的棒子，也能憑著記憶中的「抽象」，推理出這其實和牠已知的是同一事物。

從以上的說明，我們可以得出：一，例子是最基本的認識事物的方法，基本得連動物也是用這方法來思考。二，非但人擁有抽象這本能，連動物也擁有。

28. 大型語言模型：「人工智能」的「大型語言模型」(large language model) 理論，簡稱為「LLM」……由於我不是專家，所以在網上找到說法，照抄如下：「是基於大量資料進行預訓練的超大型深度學習模型。基礎轉換器是一組神經網路，這些神經網路由具有自我專注功能的編碼器和解碼器組成。編碼器和解碼器從一系列文字中提取含義，並理解其中的字詞和片語之間的關係。」

「LLM 運作方式的一個關鍵因素是它們表示字詞的方式。早期的機器學習使用數字資料表來表示每個字詞。但是，這種表示形式無法辨識字詞之間的關係，例如具有相似含義的字詞。人們採用如下方式克服此限制：使用多維向量（通常稱為字詞嵌入）來表示字詞，從而使具有相似上下文含義或其他關係的字詞在向量空間中彼此接近。」

《維基百科》有此解釋：「儘管在預測句子中的下一個單詞等簡單任務上接受過訓練，但發現具有足

夠訓練和參數計數的神經語言模型可以捕獲人類語言的大部分句法和語義。 此外大型語言模型展示了相當多的關於世界的常識，並且能夠在訓練期間『記住』大量事實。」

從以上的説法可知，「大型語言模型」正是透過輸入大量例子，抽象、推理、整理出事物定義和規律，最後在現實生活中應用。

29. 事件：在哲學家眼裏，要解説甚麼是「事件」，已足夠寫上一本巨著。我不會也沒能力這樣做，這裏只作簡單的陳述。

我們所知道的事件大致上分為兩種，一是親身經歷的，二是聽回來（hearsay）的。

前者，記憶並不可靠，我們不時會記錯事件，這是科學家已證明了無數次的。至於聽回來的事件，包括了所有的歷史，這些也不可靠，就算每個人都如此説，也不絕對可靠。

正如我小時候，由於仍在讀著中華民國教育出來的人民所撰寫的歷史，也即是當時人的史觀，因此人人都對清朝極盡詆毀之能事。但是到了長大後，撰史者卻漸漸對清朝作出平反。換言之，我在不同的年齡，讀到不同的史觀。

本節想説的是，事件雖不可靠，但你卻不能不相信，因為如果甚麼都不相信，根本無法在人間生活。不過，在相信之餘，得永遠記著，世上沒有絕對可靠的事實，皆因人的記憶本身已不可靠。

30. 歷史與傳統：事件構成歷史，人類的今日，是由歷史累積而成，從政治到經濟，我們生活的狀況，無一不是歷史的結果。

    歷史構成了不同地方、不同族群的不同傳統，我們無法選擇出生地和父母，也無法選擇人生早年的生活方式，只有傳統下長大，在長大的過程，遇上的每一個人和哪怕是最微小的事，俱都留下生命的軌跡，在腦中形成或可磨滅的記憶，這些記憶，像一個龐大的蜘蛛網，構成了我們思想的框架，也永遠是我們思考的局限。

31. 親身經歷：我的拍擋志剛，又名「常公子」，這名字出自他的第一本歷史著作，名為《大清亡國關慈禧蛋牛治》，當時他的筆名是「常威」，系列名字名叫《常威近代史》。對，就是周星馳電影《九品芝麻官之白面包青天》中，由鄒兆龍飾演的大奸角、水師提督常昆兒子的名字。

    志剛以「常威」為第一身，寫出慈禧時代的部分歷史。這系列寫到其後，筆風漸漸演變，畢竟，「常威」在慈禧年代已被徐錦江飾演的「豹子頭」腰斬了，再也無法用第一身去講述清朝晚期，以至民國的歷史，因此，「常威」也就搖身變成了「常公子」。

    常公子的養父是孤兒，小時候流浪乞討為生，國共內戰期間，解放軍戰勝入城，看著小小的他太可憐，拉了他上軍車，供書教學，撫養長大，成年後當上幹部，從這層面看，共產黨可算是他的再生父母。

不過當時中國太貧困，其後他偷渡來香港，享受資本主義的繁榮生活，卻又錯過了中國的改革開放。

抗日戰爭時，在廣州，黎智英的父親是日軍和汪精衛政府的合作伙伴。抗戰勝利後，黎父向國民黨官員付出巨金，免除了刑責。誰知 1949 年，共產黨奪得政權，1955 年，形勢不妙，黎父帶同大老婆，偷渡到香港。

1948 年，黎父的二老婆生下了黎智英。黎父逃到香港後，黎母遭批鬥，送去勞改，黎的兩個姐姐和哥哥到了不同的地方唸書，家裏只剩下黎、孿生的妹妹和輕微智障的姐姐。

三個小孩子除了鄰居偶爾照顧，幾乎自生自滅。開始時，他們依靠變賣家裡的爛銅爛鐵來換取生活費，不時捱餓。後來，一個黑市的大嬸介紹黎去火車站幫旅客搬行李掙小費。一次，旅客沒有賞錢，給了他一塊巧克力，黎覺得這是天下最美味，因而生了去香港的願望。直至 12 歲時，父親把他弄了到香港。長大後，黎智英搞紡織和時裝生意，賺到第一桶金，並且創辦了「壹傳媒」。由於他的經歷，難免對中國產生了極大仇恨。從九十年代開始，他藉著「壹傳媒」，成為了香港反中勢力的共主，終於在 2020 年，被拘捕、審判、判刑。

常公子的養父和黎智英截然不同的個人經歷，塑造出對人生、對周遭事物、對大環境的不同看法。這並非異數，而是人皆如此，兩個人，兩宗個案，二百萬人，二百萬宗個案，二十億人，二十億宗個

案……個案人人不同，但受到親身經歷而塑造出人格，則人皆一也。

32. 信息：本書在第一節就講「信息」，現在也講「信息」，不過當時的語境是「科學」，現在的語境則是「個人感知」：個人在一生中接收到的「信息」，除了親身的一手經歷，還有別人講的、寫的、拍的二手描述，二手描述可能也是聽來的，即是三手、四手、五手，至N手……除此，還有學者之流，把「信息」整合得出數字，又或者是個人想法，這些統稱為「知識」。

我們就是仰賴這些一手至N手的「信息」，以及「知識」去感知世界。這毫無疑問，仍不夠全面，但總好過只靠「親身經歷」一項。

33. 翻舊賬：因為有過去，我們在和最親的親人爭吵時，有一個常用的招數，就是「翻舊賬」，例如丈夫曾經有過偷情記錄，當他和太太吵架，如果太太落於下風，往往會使出這一招。

「翻舊賬」是很有效的升級攻擊，如果不是至親好友，根本沒舊賬可翻，但在親友的身上使用，雙方都會遍體鱗傷，很容易翻臉。這好比印度有諺語說：「火燙傷了皮膚，會隨著時間痊癒；惡語傷害了別人，會永遠留下傷疤。」不過，有時候氣上心頭，按照人性，也是很難避免會翻舊賬，惡言傷人。

另一方面，這也是傳媒常見的行為：一旦某藝人有

新聞發生，往往把他的舊事也翻出來，再說一遍。無他，這是最省功夫，又可有字充斥版面，讀者也不介意看，是成本效益很高的作法。

34. 動機：「動機」是心理學名詞，指的是一個人做某件事的原因，例如說，為了錢、為了友情、為了家人，又或者是一時衝動。

除了本人之外，我們很難洞悉一個人做某件事的動機，甚至是他親口告訴你，這句話也有可能是謊言。有時，連當事人也不知自己的行為動機，很可能只是無意識的行為。

我們對於動機極為重視，有時比行為本身更重要，例如說，有動機殺人是謀殺，沒有動機，則只是誤殺，刑罰輕得多。我們攻擊別人的其中常用招數，是「訴諸動機」（appeal to motive），中國古人稱為「誅心論」，也即是質疑他的動機不良，主要是有利益關係。

後面也會提到，好動機不一定導致好結果，西諺也有云：「通往地獄之路由善意舖成。」（The road to hell is paved with good intentions.）

至於「目的」，和「動機」是近似的名詞：你做一件事有「動機」，這「動機」就是為了達成「目的」，或者叫作「目標」。

35. 效果論：「效果論」的英文是「consequentialism」，它是不看動機，只看結果。《維基百科》對此的說

法是：

主張判別行動好壞或是非的標準，依該行動所（或是否可能、或是否意圖）產生的結果而定，如一行動能（或可能、或意圖）產生好的結果，該行動就是好的，也就是道德的……與之相對的是義務論。結果論所勾畫出的道德體系中，核心的概念是『價值』而不是義務；所以在哲學術語中，結果論與價值論偶有通用的情形。

這在現實生活中，是很常見的思想：作為一個推銷員，老闆可不管你是如何銷售，只管看你能否把產品成功賣出、銷售額是多少。在戰爭中，不管你是用甚麼手段來打勝，總之，你戰敗，就得死。現實就是「效果論」的最佳寫照。

36. 手段：「手段」這名詞有兩個意思，一是指是「本領，或技巧」。二是指「為達到某種目的而採取的方法和措施」，這裏指的是後者。

動機、手段、效果可以說是一體三面，也可以說是事件的三個不同階段。再用好、壞來分，則可有六種細分：一，好動機、好手段、好結果。二，壞動機、壞手段、壞結果。三，好動機，好手段，壞結果。四，好動機，壞手段，壞結果。五，壞動機，好手段，好結果。六，壞動機，壞手段，好結果。

由於動機無法洞悉，效果無法預估，因而很多時只能看手段。如果警察為了破案，因而拷打疑犯，這就是好的動機，壞的手段，而司法系統的所謂「程

序正義」(procedural justice)，其一就是要保證在司法過程中所使用的手段是正義的。

有一種管理方式，叫「目標為本」(management by objective)，但這並非代表可以「為求目的，不擇手段」。也有說法是「成大事不拘小節」，「小節」就是手段。

畢竟，在事件到了中途的階段，你唯一可以自由選擇的，就是手段。到了最後，有好的效果，可以說是「成大事不拘小節」，如果失敗了，效果不佳，那就是「為求目的，不擇手段」了。

37. 表象：在哲學的專業術語，「表象」指的是：在客觀對象不在主體的面前呈現時，在腦中把它復現。因此，它是一個思維的、心理的過程。

十九世紀德國哲學家叔本華寫了一本叫《作為意志與表象的世界》的作品，內容大約是：意志是自由的，所有的都是表象，也即是心理的過程，因此，我們的行為都是意志的體現。這本書的德文原名是：「Die Welt als Wille und Vorstellung」，英文把「Vorstellung」譯為「representation」。這是哲學的譯法，但如在心理學的專業，則會把「表象」譯作「mental image」。

在本書中，「表象」指的只是簡單的字面意思：「表面的形象」，而非前面講的哲學定義。之所以使用了這個可能會被混淆的名詞，皆因我想不出另一個更適合的名詞。這就是前文也講過的：「人類囿於

語言能力的不足，因此，思考能力也是有限的。」

台灣教育部的《重編國語辭典修訂本》的「表象」條的解說也是：「表露出來的徵象。」《史記・褚少孫補龜策列傳》：「會上欲擊匈奴，西攘大宛，南收百越；卜筮至預見表象，先圖其利。」《續漢書志天文志上》說：「言其時星辰之變，表象之應，以顯天戒，明王事焉。」

用實例來表達：一個人發燒，只是「表象」，這可能是源於很多不同的病因。

38. 原因：一個人發燒，只是「病徵」，可能源於不同的病因，它可能由於細菌或病毒感染，或是自體免疫錯誤地攻擊了健康細胞，又或是對藥物諸如抗生素、麻醉劑的反應，亦可能是因癌症，以及中暑、脫水等等環境因素………

醫生的「診斷」，就是根據「病徵」，去判斷出「病因」。反過來說，如果醫生只看出「病徵」，而不知其病因，決不能說得出是「診斷」出病人究竟是患上了甚麼疾病。

同樣原理，如果我們只知一件事物的「表象」，而不知構成這「表象」的「原因」，則不可說是認識了這事物。

39. 因果關係：「因果」意指兩件事件的關係：因第一事件引起第二事件，前者是「因」，後者是「果」。這也是非常複雜的概念，牽涉到太多的相關理論。

第一是，人類在基因上天生是要找到原因的生物：我們生病，想要找出病因，是不是吃錯了東西，被別人傳染，又或是父母遺傳，諸如此類。甚至，我們假如上一次打麻雀贏錢，下次打麻雀時，也會盡量坐相同的位子，穿相同的衣服，這就是認為兩者有因果關係。

事實上，人類文明正是基於人類尋根究柢，找出因果關係的精神，但這基因同樣也影響到我們在某些方面的迷信。

有趣的是，生物學家發現，其他高級生物假如做了某個與捕獵無關的行為，在捕獵成功以後，牠也往往認為這兩者有著因果關係，因而下次捕獵，也會作出相同的動作。生物學家把這下結論為「動物也會迷信」。

第二，也是最重要的，理論上，我們是無法決定兩宗事件的因果關係。對，你沒看錯，這是哲學家公認的基本理論。一個人生癌，其後死了，你真的絕對肯定他是因為生癌而死嗎？或者他雖然生了癌，可是死的那一刻，卻是因為其他突發病源，先一步奪去了他的性命，也不排除此可能性。

所有事件都是單一的、獨特的，不能重覆的，正如第一次世界大戰究竟不是因奧地利王儲之被刺殺而發生的呢？有分析認為，就算沒這事件，大戰也會發生。既然事件不能重覆，我們永遠不可能知道假如沒有發生 A 事件，後續的「結果」B 事件究竟會不會發生。

早在中國的春秋時代，人們已知因果不可靠，因此，孔子寫的《春秋》，只是把事件簡單的寫出來，如「夏五月，鄭伯克段于鄢。」這就是「經」。至於細節和因果分析，則經由口述，或者是後加的「傳」所記載。

同樣地，因果不可靠，但我們思考，卻脫離不了因果，皆因「因果關係」深植進了人類的基因之內：我們必須把因果關係連結起來，才能作出有意義的思考，否則事件只是無數割裂的單一事件，也就沒有思考可言了。

40. 預測後果：預測後果，是一種智力。低智力的生物沒有這智力，甚至是人類，也並不全部擁有這智力。2012 年，16 歲少女歐陽真儀拒絕 15 歲少年曾明斯的追求，後者遂到處對人說：「淫賤濫交妹」、「係人都可以同佢上牀。」

歐陽因而向前男友黎俊文投訴，以及黑社會成員梅振宇，兩加上 4 名友人，痛毆了曾明斯一頓。其後眾人本來打算棄下曾明斯離開，但梅振宇說曾明斯清醒後會報警，對其他人遊説：「想我哋一齊死，定佢一個人死？」於是，他們合力把曾殺死了。

法官在審判這案件時，提出了一個不解的疑問：你們在痛打曾明斯時，應知他會報警，換言之，這豈不是已預知了這將會釀為謀殺嗎？

很明顯，這 5 人行事之前／之時，並不能推理出：痛打→報警→殺人這個簡單的答案，這也證明了，

並非所有人都擁有這智力。

這是反面教材，正面的例子是：如果你明知後果可能是死，但你為了理想去做，你是勇士。但更大的可能性，是這人的智力無法預測可能的嚴重後果，貿貿然去冒險，這就是愚蠢了。

41. 相關性、時序性、因果性：要確立兩宗事件的「因果關係」，得看三大條件，一是「相關性」（association），這牽涉到統計學，後文會作討論。二是「時序性」（temporality），即是「因要在前、果要在後」。

三是「因果性」（causation），這是人為的分析，後文也會討論。很多時，我們會把「相關性」和「因果性」互相搞亂。

與「因果關係」相關的謬誤，統稱為「因果謬誤」（causal fallacy），下文會把把常犯的約略列出。

42. 強相關性：最強的相關性就是科學：物理學上，施加某一力度，必然有某一後果，又或者是在化學上，A 化學物混合 B 化學物，必然得出 C 化學物。又如生物學，拿火焰去燒豬的皮膚，必然得到燒豬的效果。

以上的科學相關性，當然遠大過你在街上指罵一位黑社會大漢，究竟會不會被他痛毆。這反而無法完全確定，例如說，可能他當日心情很好，又或者是你的背後站了一位警察。

理論上，縱然是科學上的「強相關性」，也僅至於「強相關性」而已，絕不能完全確定因果關係：無人能夠確定，下一秒宇宙定律會否完全翻轉，又或者是歷史上曾經有過一個時空，在某一很短時間，科學定律忽然改變了。

43.　近因和遠因：「近因」的英文是「proximate cause」，意即令事件即時發生的原因。以鐵達尼號沉沒事件作説明：1912 年，它在航行時，右舷撞到了冰山，船體沒有遭冰山切出裂口，挫曲凹陷，鋼板接合處彎曲成一段段的開口，使海水進入，這是它沉沒近因。

「遠因」的英文是「ultimate cause」，直譯是「終極原因」。再以鐵達尼號沉沒事件作説明：有陰謀論者認為，沉沒的其實是同一船東的另一艘船，名叫「奧林匹克號」，目的是詐騙保險金。

44.　倒果為因：「倒果為因」又稱為「因果倒置」，是錯誤地把「結果」當是「原因」。假如有人説：「盲人的聽力比明眼人好，原因是聽力好的人容易失明。」這就是明顯的「倒果為因」，皆因盲人是因為盲了，所以才會聽力好。

我們當然不可能作出這麼可笑的「倒果為因」，這極端例子只是用作説明，令到大家更易明白而已。

45.　倒因為果：「倒因為果」和「倒果為因」的英文都

是「reverse causation」，可以統稱為「因果錯置」。
一般來說，這謬誤是出自時序性不明顯，故而誤判
了。

所謂的「情人眼裏出西施」，男人究竟是先愛上她，
才覺得她美麗，抑或先覺得她美麗，才愛上她？西
方的發達國家是先有民主，因民主而繁榮，抑或先
繁榮，才有民主？這就是時序性的不明顯，因而產
生了「民主／繁榮孰先」的爭拗。

有關民主／繁榮的爭拗，也有人提出原因是西方發
達國家是先強大，作出帝國主義侵略，因而才有民
主和繁榮。本書的主題並非政治或歷史，不用去討
論這課題，只是企圖指出：

有時你想出來的「因」和「果」都不是真正的「因」，
而是另有一個你想不到的「因」。這是因為你以為
的「因果」，有時並非事實的全部，正因缺失了部
分事實，令你掌握不到真相。例如說，夫妻不和，
表面上可能因爭吵而少溝通，同時也因少溝通而更
多爭吵，但這不排除有一個缺失的事實：他已另結
新歡。

46. 互為因果：「互為因果」的意思是原因和結果相互
聯繫，相互轉化，你對我有幫助，我對你也有幫助。
例如說，努力唸書成績佳，但成績佳也可激勵努力
唸書，前述的民主與繁榮也被視作「互為因果」。
這也有可能是壞的方向，變得越來越壞，如前述的
夫妻的爭吵和不溝通。

在「互為因果」的情況下，要深究出甚麼是「因」，甚麼是「果」，往往很困難。一個好學生，從小成績很好，因得到獎學金，持續奮發，成績越來越好，根本無法得知哪是「因」，哪是「果」。

我有一個朋友，名叫「冼國林」，是電影《葉問》的監製，曾經參選過香港的行政長官。他少年時中學未唸完，便輟學就業了，成績當然不算太好。後來他在開的士時，因遇上同班同學當上了督察，因而奮發，一邊工作，一邊唸夜校，因進修而收入增加，成績也突飛猛進，最後唸了幾個大學學位，還取得了會計師、銀行公會等專業人士資格。很明顯，他是因成績佳而轉化為努力的動力，而越是努力，成績越佳，這就是「互為因果」。

用控制論的術語：這是「正回饋」，因是好事。如果是爛賭仔無心工作，越賭，越不工作，越不工作，越爛賭。這情況，爛賭和無心工作是「負回饋」，因是壞事。這和冼國林的個案一好一壞，都是「互為因果」。

47. 混淆因果：「混淆因果」指的是兩個沒有因果關係的事件，卻被誤認為是有關係的。

例如唐氏綜合症的除了智力比較低，還普遍頭扁、斜眼、扁鼻、口細、舌頭粗及有紋、肌肉張力差、手指短小、第一、二隻腳趾趾距較大、個子普遍較矮小，部份有痴肥傾向。然而，我們不能把以上的這些外表徵狀，歸因於他的智力較低。實則上，包

括智力和其他所有外貌上的狀況，只是因為他的第 21 條基因，本來是兩條，多出了一條而有了三條，因這多出的一條基因而造成發育異常。

所以，基因才是「因」，其他所有徵狀全是「果」。把智力當是「因」，外貌特徵當是「果」，就是「混淆因果」。

48. 後此謬誤：前面說的「虛假關係」，其「因」和「果」並非完全沒有關係，只是這關係是一個「潛在變數」：游泳淹死人數和雪糕銷售量的共同因素是「夏天」，而不擅於女性交際和貌醜的共同因素是「我」。如果兩者的先後發生只是純「巧合」（coincidence），專門字眼叫作「後此謬誤」（post hoc fallacy）。

這即是說，A 事件和 B 事件先後發生了，有著明確的次序，但卻並沒有任何因果關係。比方，如果一個完全不相信怪力亂神的無神論，「拜神」和「好運氣」的先後發生，以為兩者有因果關係，完全是「後此謬誤」。

換言之，「虛假關係」是有關係，因不是「因果關係」，「後此謬誤」則是全無關係，只是巧合。

49. 單因謬誤：我們最常犯的謬誤，是「單因謬誤」（fallacy of the single cause），即是認定某事是由一個單獨原因造成，但實際上，大部分事的發生，都是由許多原因共同導致，這稱為「複合原因」

（complex cause）。故此，這又稱為「複合原因謬誤」（fallacy of complex cause），又可叫「fallacy of causal oversimplification」，即把事情簡單化了，以及「fallacy of causal reduction」，或「fallacy of reduction」，即把原因減少了。

其實大家都知道，絕大部分事件的發生，都不止一個原因。我們唸西方歷史，唸第一次和第二次世界大戰，都得記誦七八個原因，才可獲得足以合格的分數。一對夫婦離婚，也往往不止一個原因。然而，我們在思考時，卻往往傾向於把事情簡單化了，只用單一原因去作解釋。例如夫婦離婚，說是因為妻子偷漢子，卻不說兩人常常吵架，已分睡多時，兼且丈夫陷入財困。

照我看，最常犯上「單因謬誤」的人之一，是歷史和政經學者，皆因他們的專業工作，就是發明或發掘出一些新的原因，去解釋已發生過的事件，以及去預測未來將會發生的事件。就此，不管另有多少真實原因，他們有必要把自己發明或發掘出來的原因去無限放大，甚至作為單一原因，以突出他們的新發現。道行不高的讀者往往被誤導了。

人類用「單因」去思考問題，即是前面講過的把問題簡單化了，這是大腦的有效運作方式，我們這樣做，無可厚非，但做時必須緊記，這好比駕駛汽車的壞習慣，平時為了懶惰，大多數人都這樣做，但是到了賽車時，則必須使用正確手法，而我們在八卦討論時，少不得「單因」思考，懶得用腦，但在

討論嚴肅的課題，就不可以了。

50. 故意做假：也有人故意「倒果為因」，以作誤導。據說，在美國的徊德薩斯州曾經有一位槍手，朝著穀倉射了多發子彈，在彈孔最密集的地方畫了一個靶圈，令人誤以為他是神槍手。這就是所謂的「德州神槍手謬誤」（Texas sharpshooter fallacy），意即故意忽視證據，讓人誤以為他原先提出的原因是存在的。

51. 妄下結論：「妄下結論」的英文是「jumping to conclusion」，這是日常語言的常用字，意即在證據不足時判斷或決定某事。換言之，這並非嚴謹的邏輯用語，不過由於常用，也就拿出來說說。

注意，由於本書寫得不算嚴謹，因此概念偶有重疊，即是不同名詞表達相同概念，這也證明了，把不同物事作出嚴謹分明的分類，是很困難的事。

這可以是「單因謬誤」，也可以是「虛假原因」（false cause），根本原因就是錯的，例如相信神棍的胡說八道，也可能是統計數據不足，例如只看了該馬評人預測的三次賽果是準確的，便以為他每貼必中。

52. 相關不代表因果：因果是主觀的，可相關系數卻是客觀的數字。哲學家會說，因果關係是假象，並不真實存在，但是相關系數卻是真的：你不能證明癌病殺死人，但卻可用數據指出：患上了癌病的人，

究竟死亡率有多少。

我們可以任意算出兩件事件的相關系數，例如經濟學家 George Taylor 提出的「hemline index」，意即市呈現牛市時，女性的裙子會比較短，反之，熊市時，女性裙子比較長。

從另一方面看，「相關不代表因果」（correlation does not imply causation）這是科學和統計學經常強調的重要觀念：縱然兩個事物統計學上有明顯的相關，縱然是一件事出現，另一件事幾乎也必出現，也不一定表示兩者之間有因果關係。

其中最代表性的，是入醫院和死亡率：絕大部分的人都是在醫院死亡，這是不是可得出「醫院就是殺人的凶手」？甚至得出（錯誤的）結論：只要不進醫院，就不會死亡。

不過，大家也要緊記，「相關不代表因果」是一個哲學概念，絕對正確。但在日常生活中，我們會更常使用「相關證明因果」（correlation proves causation）這個不精確的思考方式，例如一間航空公司的飛機常常失事，我縱然深知這不過是相關系數，而「相關不代表因果」，但我打死也不會乘坐這公司的航班。

53. 虛假關係：「虛假關係」（spurious relationship）指的是兩者的相關可能是假的。説個笑話，我溝不到女，以為是因不擅於與女性交際，但實質上，只是我長得太醜而已。在這情景，我以為因不擅於和女性交

際而溝不到女，兩者是「虛假關係」。

之所以有這誤會，因我同時存在「不擅於與女性交際」與「貌醜」兩大因素，搞錯了。在這情況下，我的「貌醜」就是一個「潛在變數」(lurking variable)，也即是一個未被發現的「干擾因素」(confounding factor)。

前面講過的例子，是游泳池淹死的人數和雪糕的銷售量有著很大的相關。不消說，真正的原因是這是夏天，泳客較多因而淹死的人數也多，而雪糕銷量和夏天有關，和淹死人數無關。

54. 條件：「條件」是指事物發生、存在或發展的影響因素，我們可把這視為一種「約束」(limitation)：所有事物的發生、存在或發展，都會受到某些因素的「約束」，不可能沒有客觀條件的制約。

這名詞和因果有點相似，不過我並不打算去深究這兩個名詞的分別。

關於「條件」的兩個最基本概念，一是「必要條件」(necessary condition)，二是「充分條件」(sufficient condition)。

55. 必要條件：顧名思義，「必要條件」就是「必要」的條件，例如說，香港的《基本法》第四十四條說：「香港特別行政區行政長官由年滿四十周歲，在香港通常居住連續滿二十年並在外國無居留權的香港特別行政區永久性居民中的中國公民擔任。」換言

之，「年滿四十周歲」就是行政長官的「必要條件」。所以，如果我們見到某一位香港的行政長官，可以反推得出，他必然是在 40 歲或以上。這句話用邏輯符號來表達：設「Q 是行政長官」，和「P 是 40 歲或以上」，則可得出結論：「Q → P」。

又或者可繼續反推，即「不符合必要條件就肯定不是」：如果我們見到了一個人不滿 40 歲，則肯定他不會是行政長官。這句話用邏輯符號來表達，「┐」指的是「否定」，設「┐Q 指不是 40 歲或以上」，和「┐P 指不是行政長官」，則我們也可得出「┐Q → ┐P」，即「因他不是 40 歲或以上，所以他不是行政長官」。

注意，我將在下文約略講到符號邏輯，以上用的符號，看不明白就算了，寫出來的目的，只是給讀者一個印象。由於書中的不同概念難免交錯，在寫作時也會把不同的部分前後互搬，後文搬上前面，前文搬去後面，因此不時發生「倒敘」。

56. 先決條件：在電腦編程中，「先決條件」(precondition) 有著精確的定義，《維基百科》的說法是：「在計算機編程中，先決條件或先驗條件指在執行一段代碼前必須成立的條件。」

此外，它在法律上，也有其嚴格的定義，《百度百科》的說法是：「先決條件指以一方首先履行某種行為，或以某種事件的發生，或以經過一定的時間作為對方履行義務的前提條件，先決條件未滿足之

前不必履行，不承擔責任。」

也許，英文的「prerequisite」會更適用於日常語言。這名詞大約是「必要條件」的意思，不過它也有「優先」的意思，即是「第一個需要考慮的因素」。幾本不同出版社的辭典都會使用差不多的例句：「有恆是成功的先決條件。」相信這是誘導學子努力讀書吧。

至於我給的例子，則是有女子同男方説，你要同我結婚，先決條件是給我一百萬元聘金。

57.　充分條件：承接上段，我們知道：行政長官必須年滿 40 歲，可是年滿 40 歲的不一定是行政長官，這正如董建華的老婆必然是女人，而且還要很賢淑，但並非凡是女人都是董建華的老婆。

在這裏，我寫出了「女人」和「賢淑」兩個條件，皆因很多時，要求不止一個條件才能滿足「充分」，所以給大家一個印象。

因此，「女人」和「賢淑」就是「董建華老婆」的「充分條件」，但非「必要條件」。從另一方面看，作為「董建華老婆」的「必要條件」是「女人」，但這並非「充分條件」。由此可以看到，「必要條件」和「充分條件」這兩個概念，是環環互扣的。

又例如説，一個人要想成為富豪，老爸有大把遺產剩下來，這是充分條件，但不是必要條件。另一方面，一個富豪必須精打細算，因為就算是富二代，如果不懂得算數，也會把錢敗光。但是，精打細算

只是富豪的必要條件，但卻不是充分條件：世上大把吝嗇鬼，又不見他們發達！

58. 充要條件：所謂的「充要條件」(necessary and sufficient condition)，意即同時符合以上兩套標準。

例如說，在新加坡，年滿 18 歲的男子一定要服兵役，但是不滿 18 歲的，肯定不用服兵役，那麼，假如有一男子年滿 18 歲，他必然在服兵役；反過來，假如他不滿 18 歲，則必然沒服兵役，因此，「18 歲」和「服兵役」這兩者，就是互相的「充要條件」。

59. 有利條件：必要條件和充分條件，是邏輯學上的專有名詞，但在現實生活中，卻並不常發生這情況。

例如說，貪財女挑老公，到了最後，居然挑了一個窮兮兮的，也並非不常見，畢竟，「戀愛腦」是不少女人的盲點。甚至是，有的女人明明性取向是女的，有過很多很多男朋友，後來居然挑了一個男人婆，搞同性戀，也不罕見。

男人有錢，對女人而言，應只是「有利條件」，既不是「必要條件」，也不是「充分條件」。

這正如《水滸傳》第二十四回《王婆貪賄說風情 鄆哥不忿鬧茶肆》中，王婆對西門慶說的男人吸引女人的五大條：「大官人，你聽我說。但凡挆光的，兩個字：『最難』。要五件事俱全，方才行得。第一件，潘安的貌；第二件，驢的大貨；第三件，要似鄧通有錢；第四件，小，就要綿裏針忍耐；第五件，

要閒工夫。此五件，喚做『潘、驢、鄧、小、閒』。五件俱全，此事便獲。」

「潘、驢、鄧、小、閒」這其中的任何一樣，都是「有利條件」。

我們很多時都會用這方法來思考，例如說，1980 年，有人在耶路撒冷的 East Talpiot 發現了一座古墓，主人翁是「約瑟之子耶穌」，而其共葬之人應是他的親人，包括了《新約聖經》中出現過的馬利亞、猶大、馬太、約沙等等，由於有好幾個巧合，等於是幾個有利條件合在一起，因此，有人認為這就是耶穌的墳墓了。

但從另一方面看，無論多少個有利條件一起出現，都是使用歸納法去得出結果，並不絕對可靠。正因如此，以上挖出耶穌墳墓的說法，也有很多人並不同意。

有很多學者，企圖找出一條必勝的秘方，可以解釋到一個人，或一個國家富強的充份條件，或必要條件。但其實，一個人發達，有著很多的原因，一個國家的發達，也有著很多的原因，這些都是有利條件，當然也需要有一些必要條件，才會成功。然而，個人發達、國家富強的單一充要條件，卻是不存在的。

所以說呢，這些學者們，用了這麼多的精力，寫了一本又一本的大本書的出來，但卻做的都是徒勞無功的事，因為分析方法是錯了。

60. 佐證：所謂的「佐證」，即是「輔助的證據」：它（們）可以幫助到證明一件事，但卻不可以此來完全證明這件事。

打個比方，你想「證明」A 女是一位美女，你說：「她的五官對稱，身裁很好。」

然而，「五官對稱」和「身裁很好」雖然都是吸引男人的條件，但我們也可列出大量有這兩項條件而是醜女的個案。反之，「五官並不完全對稱」而「身裁不算太好」的美女也有不少，事實上，從科學看，沒有人的「五官完全對稱」……當然了，「五官非常不對稱」，如歪眼斜嘴，或「身裁太壞」，如大肥妹，就決不可能美女。

我們由此得知，「佐證」和「有利條件」的意思幾乎相同，只是「佐證」是要來「證明」某事，而「條件」是用來評估某件事是否得以達成的因素。

61. 重要條件：有一些有利條件，只能有少許幫忙，另外還有一些有利條件，則幫助很大，但又未到充分條件或必要條件的地步，因此，我把它們稱為「有利條件」。

又拿回前文講的「潘、驢、鄧、小、閒」作為例子，我們都知道，在現代社會，金錢比所有的東西都更重要，事實上，在《水滸傳》的王婆口中，也把此事排名第一。因此，我們可以說，「潘」，即財富，是吸引女人的「重要條件」。

62. 局限條件:「局限條件」不是邏輯的術語,而是經濟學術語,又叫「約束極大化」(constrained maximization),即是在「有限的現實爭取最大利益」。例如說,稅務安排就是你在合法的情況下盡量少交稅款,但不是瞞稅。「稅法」就是「約束」,你盡量少付稅款就是「利益極大化」。

之所以在這裏提出,只有為了避免混淆,因而特別說一說。

63. 成本:有一個常見的「局限條件」,就是「成本」。在思考過程,很多人都會忽略這一點。

我曾經寫過一篇文章,分析中國學生把英語作為必修科的利弊,得出的答案是:由於英語是國際語言,社會上需要一定比例的人民懂英語,但並不需要全民去學,我並且作出了約略的估算。很多讀者留言,表示反對,並且指出了一些懂英語的優勢。

我完全同意他們的說法。可是,他們卻忽略了,學習需要「成本」,這「成本」,就是時間。學會一項知識,不管這是甚麼知識,都是有用的,但是由於學生的時間有限,社會上也需要不同方面的人才,所以,學校需要一些必修科,一些選修科,究竟如何選擇和定奪,必須要講「成本效益」,將其極大化。

我也並不是說,我的論點是正確,但是眼見的反駁者只是講出英語的絕對好處,但卻並沒有述及「成本效益」的計算。

很多時，理想主義者提出的目的都是正確，但他們卻總是忽略了，為了達成理想，得付出「成本」，而這「成本」往往是高到現實世界難以負擔。在中文成語，叫作「陳義過高」。

64. 衡量條件與妥協：我們決策時，是要把不同的條件作出比較和衡量，由於條件之間不一定可以量化和互換，例如說，女人的美貌、身裁、談吐、賺錢能力等等，只能根據個人喜好，給予任意數值，大約地互換和比較，所得出的數值／答案並不準確。

有一點是肯定的：沒有十全十美的選擇。中共名將林彪的說法是一般情況下，有七成的把握，他才敢打，只有五六成的把握，風險太大，這仗不能打。而一旦有八成的把握，可能就會失掉戰機。

我喜歡以買汽車作為比喻：速度快的汽車，會犧牲舒適，所以賽車不可以用作日常駕駛。很舒適的豪華轎車如勞斯萊斯，必然體型龐大，不易駕駛。凡是好車，必然昂貴。因此，世上並沒有最好的車，只有最適合你的車。所以，在思考決策、衡量條件時，我們必須作出妥協。

我補充一句：世上沒有最好的車，但卻可以有最差的車。

例如說，我可隨時製造出一台既慢、又不舒適，而且很難開、常常壞的車子，兼還售價昂貴。換言之，世上沒有完美的好條件，但卻可有不用考慮的壞條件。

65. 原因與理由:「原因」的英文是「cause」,「理由」的英文是「reason」,很多人會混淆這兩個名詞。無論是「理由」,抑或「reason」,均有「理性」、「合理」的意思,換言之,必須要是「合理的」,才可叫「理由」。

例如說,公司有員工遲到,他說是因為當天心情不佳,不想依時上班。假設他所講的是真,這的確是「原因」,但卻不是「理由」,皆因這並不合理。

假設因果關係是存在的,只是假設,那麼,凡事必有其原因,不過,卻不一定有理由,例如說,科學家可以解釋出地球生成的原因,卻不可能認為地球有理由生成及存在。

強行要求理由,是常見的思考盲點之一,皆因很多事情是無理由的。

66. 真相:外貌俊朗的 Sir Walter Raleigh 是英國作家、詩人、軍人、政治、間諜、探險家,去過南美洲兩次,企圖找尋傳說中的黃金國。首次回國後,向伊利莎白女王講出海權和貿易的重要性:「Whosoever commands the sea, commands the trade; whosoever commands the trade of the world commands the riches of the world, and consequently the world itself.」(控制海洋也即是控制貿易,控制貿易也即是控制世界上的有錢人,等於控制世界。)

他非但英俊,而且博覽群書,文學、歷史、航海術、數學、天文學、化學、植物等等,無所不讀。他是

伊莉沙白女王的寵臣。1603 年，女王逝世，詹姆士一世繼位，他因企圖推翻詹姆士一世而被控告以叛國罪，在倫敦塔坐了 13 年牢。

他在獄中時，參考了六種文字的資料，博引旁徵地寫出了《The Historie of the World》的第一冊，講述希臘羅馬古代史，並且在 1614 年出版了。

1944 年 2 月 4 日，寫《一九八四》和《動物農莊》的英國作家奧威爾在《Tribune》刊登了一篇叫《As I Please》的文章，講述了有關 Sir Walter Raleigh 的一個故事：

當他寫完了《The Historie of the World》的第一冊後，正在他寫第二本時，牢房窗外有些工人混戰，一人被殺掉。他雖然親眼目擊，還盡力深入調查事件的始末，但始終無法弄清楚工人們究竟爭拗何事。因此，他把第二冊的原稿燒了，皆因他發現了，原來真相的全部是永遠也無法找出來的，既然找不出來，寫歷史又有何用？

奧威爾並不完全同意 Sir Walter Raleigh 的想法。奧威爾認為，大致上、在某程度上，客觀的事實是存在的，例如 1066 年發生了 Battle of Hastings，哥倫布發現了新大陸，亨利八世有六個太太等等。

67. 全息：是的，1066 年發生了 Battle of Hastings，哥倫布發現了新大陸，亨利八世有六個太太，然而，Battle of Hastings 的每一項細節，包括每一名參與軍人的姓名與身世詳歷，為甚麼他們會參加這戰爭？

哥倫布發現新大陸的前後，每一秒究竟發生了甚麼事情，到了今日，還遺留下多少信息呢？亨利八世的六個太太，和他的性生活的過程，歷史有沒有記錄下來呢？

如此看來，只有像《春秋》的簡單寫法，才可以成「真相」。然而，正如 Sir Walter Raleigh 的説法：我們既不可能知道所有的細節，就不可能知道事實的全部。換言之，我們永遠只能知道部分的事實，這還得假設我們所知道的是事實，而不是虛構，例如說，在牢房混戰的工人有人對 Sir Walter Raleigh 説謊。所謂的「全息」，即是「三維投影」，可以把三維影像全方位地投射出來。但這技術真的可以把事實的全部投射出來嗎？ Battle of Hastings、哥倫布、亨利八世和他的六個太太當時的心理狀況，縱是存在全息技術，我們也不可得悉其狀況。

「全息」的字面意思是「全部的信息」，然而，所謂的「全息圖」(hologram) 的真實含意，不過是「立體投影」，也即是三維影像。不管三維影像投射出來的像真度縱然到達 100%，它始終無法把影像的所有信息複製出來，例如說，一個短裙少女，被窺看裙下，可看到一片風光，但你「窺看」這位少女的全息圖的裙下，則甚麼也看不到，皆因在拍攝她的所謂「全息圖」，其實並沒有拍下在這方面的信息。

68. 片面事實：「片面事實」（half-truth）指的是陳述只有部分是真實的、正確的，但卻另有部分是欺騙性

的假話，這正如金庸在《鹿鼎記》所說：「韋小寶說謊有個訣竅，一切細節不厭求詳，而且全部真實無誤。只有在重要關頭卻胡說一番，這是他從妓院裡學來的法門。」

所以我們常說：「事實的全部。」皆因「片面事實」並非事實。

69. 角度：黑澤明導演的電影《羅生門》改編自芥川龍之介的短篇小說，小說原名叫《竹藪中》，故事講述一個武士和妻子在遠行途中被強盜攔截並捆綁，其妻被強盜強姦，之後武士不明原因地死去。三個證人分別是乞丐、樵夫、和尚，分別講述了不同故事。

同一事件，由不同的人說出，故事也不同，並非奇事，反而是常態，也因如此，「羅生門」從此成為了熱門名詞／形容詞。每個人看同一事件，必然分從不同角度，也有不同重點，留意到不同細節，以及不同程度的遺忘，即是把信息遺失了，有時候，還會故意說謊，或者是為了效果而故意誇大其辭，這些都是或多或少必然出現的。

芥川龍之介另有一本小說叫《羅生門》，但這是另一個不同的故事，黑澤明把電影「張冠李戴」，用了這名字。這名字的確比「竹藪中」更好聽。

有一句老話，「歷史是由勝利者所寫」，小說家奧威爾在《一九八四》寫的名句：「它宣稱控制了過去，就等於控制未來。」(it claims to control the past as well as the future.）

精確的說法是：每個人都寫出從自己角度的歷史，只是，執政者寫的東西流傳比較廣，因而更容易在後世傳播。然而，勝利者不可能長生不老，因此現實上他也無法控制未來。

例如雍正皇帝曾頒行了一部宣傳小冊子，名叫《大義覺迷錄》，朝廷上下、地方官吏人手一冊，但是當他死後，其兒子乾隆皇帝把它列為禁書，因而失傳了，直至一百多年後，人們才在日本發現了孤本，重新發行。

70. 觀點：「觀點」的字面意思，和「角度」相同。從字面意思，它只代表了你從不同角度看到事件，然後就看到的事件作出的事實陳述。但在現實應用上，它指的是：你對該事件的個人意見。英國報人 C.P. Scott 的名句是：「事實不可歪曲，評論大可自由。」

（Comment is free，but the facts are sacred）

所以，政經評論常常強調的標準是：事實不可歪曲，觀點大可自由。

正如前文所言，我們不可能得悉事件的全部，不同角度的事實陳述，差不多是不同的故事。假設有兩個人對同一事件的不同陳述：一個看到他故意殺人，另一個則看到被殺者對他的某些小動作，因而判斷他自衛殺人。這兩宗對事實的不同陳述，絕對影響到評論者的觀點。

反過來，不同的觀點也會影響人們對事實的看法，

例如在俄烏戰爭時，烏克蘭指摘俄羅斯徵用囚犯去參軍，太不人道。俄羅斯卻反過來過譴責烏克蘭強制徵兵，把不願意打仗的人民也強拉去參戰，太不人道。兩國對於「人道」的觀點完全相反，當然也可以說，這都是政治需要所作出的宣傳。

71. 偏見：我們既然無法獲得事件的全部信息，偏見也就無法避免。事實上，偏見是人類預設的思考方式：用最低的成本、最快的速度，去得出最有效率的答案。這的確並不準確，可是如果要追求更高的準繩度，則會犧牲了決策的速度，總效率反而降低了。

有四種「偏見」。

一種是基於數據，例如哈佛大學的畢業生的成績比較好，這種偏見的可靠度最高。

另一種是基於個人經驗，例如某女生從認識過的眾多男朋友中得出結論：喜歡賭錢的多半也喜歡嫖妓。這是我們通常獲得偏見的途徑，有一定的可靠程度。

還有一種是別人給予的意見，這得看這個人的可信度，而你究竟相不相信這個人的意見。我說的話可信程度不高，但人們普遍相信星雲法師不會說謊，雖然，很多女人相信渣男。

最後一種是憑個人直覺的直覺或喜好，這雖然不太理想，但一般而言，準確度也好過擲毫。根據作者本人和很多人的直覺：女人似乎特別相信直覺。

減少「偏見」需要增加成本，例如用更多的時間去觀察和研究事件，可增加準繩度，但要投入更多成

本。究竟應不應這樣做，得視乎你能付出多少時間成本，這又視乎事件的重要性值得你「投資」多少進去，這好比挑一間餐廳來吃晚飯，和挑一個終身伴侶，願意投入的成本是天壤之別。

72. 先入為主：「偏見」是正常，但我們不應這「自入為主」而削弱自己的判斷力。1936 年至 1938 年，蘇聯領導人斯大林發動了大規模的政治鬥爭，稱為「大清洗」，估計高達七十萬人因此致死。有一個流行說法，指斯大林曾經講過一句話：「一個人的死亡是悲劇，而一百萬人的死亡則是統計數字。」

實際上，這句話是德國作家雷馬克在小說《西線無戰事》説的。話説 1941 年，納粹德國對蘇聯發動突襲，蘇聯派出巴甫洛夫將軍迎戰，巴甫洛夫打得慌忙失措，大敗，軍事法庭判處他和另外三名將軍死刑，並立即執行。有人向斯大林講情，斯大林的回答是：「一個人的死固然是個悲劇，但是因為他的錯誤而犧牲的百萬紅軍戰士難道就只是一個統計數字？」

人們之所以犯上了這個張冠李戴的錯誤，一來是斯大林和雷馬克這兩句話實在相似，二來是人們因斯大林先前的作為，「先入為主」地形成「偏見」，因而作出判斷錯誤。

73. 盲點：視網膜的後方，有一白色的圓形隆起，由於沒有感光細胞，不能感應到光線，稱為「盲點」，

英文是「blind spot」。由於眼睛在盲點角度看不到東西，我見過一個魔術，就是當著你的面前，從這死角扔掉一塊紙團，旁邊的人全看到，而你竟然是看不到。

人們把這概念延伸，總之是平時留意不到的事或物，都可統稱為「盲點」，例如汽車的副司機座近 B 柱的區域，是後視鏡和側視鏡難以觀察到的地方，稱為「盲區」，建議司機必須扭頭去看，而且扭頭的角度還要是 90 度，英文稱為「shoulder check」（肩頭檢測），因標準是下顎踫到肩頭。

在思考上，由於偏見或無知，也有「思考盲點」。

記著，所謂的「盲點」，並非一人獨有，而是同時存在於許多人的身上，是常態，例如對男人對女兒男朋友有偏見，是「思考盲點」，這是正常的。但是男上司對女下屬的男朋友有偏見，則是他的個人問題，這就不正常了。情況嚴重時，可稱為「變態」。

74. 朝三暮四與 A&W：有時候，「盲點」來自水平不足。《莊子・齊物論》記載了一個故事：一位養猴的漢子餵飼猴子，說將會早上派發三次橡子，晚上派發四次，猴子皆怒。其後他改說早上派發四次，晚上派發三次，猴子便滿意了。

這寓言是用來形容明明兩件沒有分別的事，卻因形式或形象的不同，因而造成或喜或怒的迥異反應。不過，「朝三暮四」這成語到了今天，則演化成為形容人變化多端，捉摸不定，反覆無常，與原意全

無關係了。

差不多的故事，居然也在現代真實發生過。

1982 年，美國地產大亨 A. Alfred Taubman 買下了漢堡包連鎖店「A&W」，其後推出了一個 1/3 磅重的漢堡包，廣告人員還想出了一個響亮的「Third is the Word」，用來攻擊麥當勞的 1/4 磅重的「quarter-pound burger」，並且大做廣告。

誰知，美國人居然不知 1/3 比 1/4 重，誤以為這是 3 和 4 的分別，反而以為這包輕過麥當勞的包。這場大戰，以「A&W」慘敗告終。1995 年，A. Alfred Taubman 出售了「A&W」，別誤會，與上述一役的關係不大。

美國人不曉得 1/3 重過 1/4，是一盲點，這證明了知識不足構成「盲點」。另一方面，A. Alfred Taubman 對於美國人的智力判斷也錯了，這也算是另一因知識不足而構成的「盲點」。

75. 成本效益：思考需要成本。且不說人類大腦消耗了 20% 的能量，時間也是成本。我們每天作出數不清的思考和決定，從衣食到住行，從早上起床，吃甚麼早餐，到乘甚麼車，下課下班後到哪消遣，如果都得個別思考，才作決定，累也累死了。

所以，大部分的行為都是慣性：幾點起床，吃甚麼早餐，坐甚麼車上學／上班，天天如一，省卻了部分思考的時間和精力。風流的男人天天新女友，去哪餐廳吃飯，去哪地方把酒談心，説哪些對白，不

同女友，相同行為，也是慣性。

在思考，成本效益絕對重要。日常生活中，思考和行為不可能絕對準確，更不會花時間逐一辨出別人的謊言與謬誤。偏見的形成，正是為了增加成本效益，因精確性在大部分時間均無用，也因此，形成了大量盲點。

思考方法的應用，只在局部的時刻：除了在寫文章、辯論等等方面，必須嚴謹思考，減少盲點。

在日常生活，也好辨清一些常常胡說八道的朋友，或公眾人物，從而對他們的言行作出標籤，形成偏見……一旦發現了這些人講的多是廢話，也就要放棄接收其信息，以免浪費時間。雖然，廢話之中，不無真知灼見，但要浪費大量時間去等待它偶爾出現，好比撿垃圾的在堆填區中篩出鑽石，無疑是犧牲了成本效益。

思考方法好比是現代醫學的身體檢查：在往時，身體的潛伏性疾病，例如早期癌症，只能靠老經驗的名醫，憑著天份和感覺，檢測出來。當發明了超聲波、磁力共振、血液檢測、X光機等等高科技技術後，縱是菜鳥，也能把暗病輕易的檢測出來，及早診治。在以前，思考方法的知識未普及前，要正確思考、戳穿謊言，得要天才型的直覺。這天才還是知其然而不知其所以然：明知對方是錯但說不出錯在何處。但人類發明了思考方法，掌握了其技術，則就是中人之資，經過簡單的訓練，也可輕易作出正確的思考。

76. 突破盲點：對於那位玩弄盲點的魔術師，只要稍移頭、或眼，就可破法。駕駛汽車的盲點，肩頭檢測是基本動作。只須花掉很少的時間，就可突破盲點。換言之，我們是要使用成本效益最高的方法，去突破盲點，如果成本太高，效益不大，那麼，這盲點突不突破，也無所謂。

如果你是一個岳父，看女婿不順眼，只要女兒喜歡，在今日的社會，恐怕你也沒有反對的餘地。為了父女關係，你裝也要裝得十分滿意。所以，這也不存在盲點不盲點的問題，因而也無須突破。在這世上，太多數的盲點屬於無須突破的那一類。

77. 另類思考：「另類思考」又稱「曲線思考」，意即不遵從傳統的框框去想出解決方法，這也是一種「突破盲點」的想法。

有一個著名的例子：1941 年，盟軍高層建議為戰機加裝防護鋼板。然而，戰機需要攜帶大量燃料與彈藥，無法增加過多負重，因此只能在機身最需要防護的地方增加裝甲。

問題在於，哪裡才是飛機的要害呢？

盟軍研究返航戰機，把受損飛機的彈孔標記重疊在一張投影上，只見到機翼、引擎、機身均遭受密集打擊。製造商、專家、飛行員、物理學家各持己見，美國的一位統計學家卻說，應將鋼板加裝在從未出現彈孔的機尾部位。

他的理由是，飛機任何部位受彈機率都應當相同，

德軍的炮彈不可能故意避開機尾，因此，這說明了：機頭被炮彈打中的飛機一架也沒飛回來，皆因而駕駛艙只要被一發炮彈擊中，就因戰機失控而機毀人亡。（我相信是因為機尾控制平衡，一旦失衡，必然墜毀。）

他的意見被接納，盟軍立即在戰機機尾下方加裝鋼板，這大大的減少了戰機的損失。

這故事的寓意是：當我們另類思考，突破盲點時，其實只是在初始創作的階段，到了中段的推理、優化、下結論之時，用的還是傳統的思考方法。這位統計學教授的分析，也是基於傳統的推理知識，皆因這是思考是科學，而人們不管如何天馬行空，皆不可能脫離科學。

簡單點説，不管如何另類，也不可能脫離傳統。後文的「批判思維」會講到系統性的思考方法。

78. 創作：承接前文，創作的第一階段，是胡思亂作。

舉例：當年「壹傳媒」籌備一本離經叛道的周刊，其中重要工作之一，就是想出書名。「腦力激盪」(brainstorming) 時，工作人員想出了多個書名，其中，公司的顧問、填詞人林振強寫出了「忽然一橙」。

這名字的確跳出框框，料想不到，可這也不可能是書名呀！讀者見到這名字，摸不著頭腦，對銷路也不是好事。於是，人們修改了一個字，《忽然一周》就被敲定了。「一橙」太過跳脫，「一周」則是正常的書名。這故事證明了，創作時不妨跳脫奔放，

但到了把創作修正為正式出品，則仍然要遵從傳統的方法與流程。

通常，所謂的「新創作」，都是舊瓶新酒，不離兩個方法。

第一是「轉化」，例如麥當雄的電影《公子多情》是把荷李活的《窈窕淑女》改拍，不過把男女角色身分調轉了：教導儀態的從男變女，被教的則從女變男。電影《古惑仔》則是把粗鄙的漫畫主調，改成青春片。

另一則是「組合」，例如青春片有基本觀眾，但不夠多。懷舊片也有基本觀眾，但也不夠多。於是，2015 年上映的《我的少女時代》組合成為懷舊青春片：少年人看青春片，中年人看懷舊片，結果拍攝預算 8,500 萬元台幣，全球大收了 26 億元台幣。

「轉化」和「組合」可以同時存在，例如《鐵達尼號》本是災難片戲甌，卻被導演占士金馬倫拍成了災難愛情片。動漫《死亡筆記》在創作方面，以犯罪者為第一身的推理小說雖不多，也不少，但在漫畫和電影好像還是首見。不過，把「死神」這玄幻因素結合推理，卻應是首創，皆因玄幻和推理本應是格格不入，很難以聯想在一起，作者居然結合得絲絲入扣，完全沒有違和。

79. 批判思維：「批判思維」(critical thinking) 也譯作「批判性思考」，是一個很流行的名詞，很多顧名思義，以為這指的是簡單的自我反省、自我檢討，好比中

文的「內省」，正如《論語 · 里仁》記載孔子說：「見賢思齊焉，見不賢而內自省也。」（見到別人做得好，便想去效法，見到別人做得不好，則自我檢討。）

可是，實際上，「批判思維」指的是科學的思考方法。

Dr. Peter A. Facione 是一位著名學者，履歷很長，在世界不同大學任教過，包括 2012 年在香港大學當過客座教授，也在美國軍方當過思考方法的顧問。1988 年至 1989 年間，他和好些思考方法的專家開了一系列的會，在 1990 年以 Santa Clara University 的名義發表了一份出版了一份題為《Critical Thinking: A Statement of Expert Consensus for Purposes of Educational Assessment and Instruction》的研究報告，把「批判思維」總結為：

「一種有目的而自律的判斷，並對判斷的基礎就證據、概念、方法學、標準厘定、背景因素層面加以詮釋、分析、評估、推理與解釋……有理想批判性思考能力的人凡事習慣追根究底，認知務求全面周到，判斷必出於理據，心胸保持開放，態度保有彈性，評價必求公正，能坦然面對主觀偏見，判斷必求謹慎，且必要時願意重新思量，對爭議點清楚瞭解，處理複雜事物有條不紊，搜集相關資料勤奮不懈，選取標準務求合理，專注於探索問題，而且在該問題該環境許可的情況下堅持尋求最精確的結果。」

換言之，這其實是一種科學性的、邏輯性的思考方

式，這包括了六個步驟：

第一，詮釋(interpretation)，這包括了分類(categorization)、為其重要性解碼(decoding significance)、澄清（文句的）意思(clarifying meaning)。

第二，分析(analysis)，這包括了檢查概念(examining ideas)、確認論點(identifying arguments)、分析論點(analyzing arguments)。

第三，評估(evaluation)，這包括了評估訴求(assessing claims)、評估論點(assessing arguments)。

第四，演繹（即推理），這包括了質疑證據(querying evidence)、推測其他可能性(conjecturing alternative)、定下結論(drawing conclusions)。

第五，解說(explanations)，這包括了演示結果(stating results)、展示推理步驟正確(justifying procedures)、展示論點(presenting arguments)。

第六，自我檢討(self-regulation)，這包括了自我覆核(self-examination)、自我修正(self-correction)。

換言之，「批判思維」是高級的思維，沒有受過基本的思考和邏輯訓練，無法做到。就算有這能力，也不會事事通過以上的複雜流程，這只會是在重大決策時，才會花費偌大成本。

但如果把這流程多做幾次，在腦中形成了經驗，或只在思維時是大致做上幾個步驟，也會有利於以極低成本提高自己的思維水平。

這好比一個人接受了賽車手訓練，就是在平時不用心駕駛，其水平也會比普通司機為佳。

80. 批判理論：説到「批判思維」，順便提提「批判理論」
(Critical Theory)。

1937 年，德國法蘭克福大學哲學系主任 Max
Horkheimer 發表了一篇名為《傳統與批判理論》
(Traditionelle und kritische Theorie) 的文章，發明了這名
詞，主題是批評傳統理論只是用來解釋世界，但人
類真正需要的，是批判和改變世界。

1923 年，德國法蘭克福大學的學者們創立了「法蘭
克福學派」(Frankfurt School)，主旨是馬克思主義，
而馬克思的核心思想之一正是主張改變社會。三十
年代，右翼的希特勒和納粹黨執政，禁止左翼的馬
克思主義。因此，法蘭克福學派改頭換面，和 Max
Horkheimer 合流：照樣是要改變社會，把社會變得更
平等，但卻不信馬克思了。

納粹德國戰敗後，到了五十年代，德國經濟再度起
飛，法蘭克福學派成為了「新左派」，他們的「批
判理論」的主軸就是強調人、文化在社會上的作用，
反思傳統社會科學工業文明，以及其使用的科學方
法，量化計量等，同時拒絕物質和功利主義。

這運動的支持者包括激進的學生、青年知識分子、
社會競爭中失敗的人等等。由於其信徒涵蓋了不同
學科的學者，因此其理論也應用在不同學科，數來
有社會學、經濟學、心理學、語言學、美學、哲學、
文化研究、文學等等，後來又衍生出結構主義、後
結構主義、解構主義、存在主義、女性主義、符號
學等等，簡直是無所不包。這些學者在自己的學科

中大量使用專用術語，外人看來，簡直是茫然不知所云，有時甚至連自己人，可能連他本人，也不知寫些甚麼。

二戰，蘇聯戰勝了不可一世的納粹德國，由 1949 年至七十年代，共產世界打勝了國共戰爭，朝鮮戰爭、古巴革命、越戰，共產主義蔚為風潮，法蘭克福學派的左派理論也席捲了歐洲大陸，其中一支還自稱是「新馬克思主義」，意即他們信奉的是改良了的馬克思主義，只是他們反對／不支持現存的所有共產黨。當然了，他們身處西方世界，不可能敢於親近共產黨，否則早被抓往坐牢了。

這些思想流行於歐洲大陸，因而稱為「歐陸哲學」，是當時的顯學，美國和英國作為資本主義重鎮、反共的大旗手，當然不信這個，信的是另一流派：分析哲學。本書的內容接近分析哲學。李天命作為分析哲學的信徒，在他去美國的芝加哥大學唸博士期間，在 1972 年推出了一本名為《存在主義概論》的作品，蹭蹭熱鬧，以證明「我也懂得存在主義」！

「批判理論」的沒落，應該是中美結盟、越南意圖在中南半島建立的霸權被中國遏制了，世界政治從左翼走向右翼，直至 1991 年蘇聯解體，資本主義大獲全勝，「批判理論」不得不煙消雲散。

在我長大的年代，「批判理論」的火紅年代已過去了，餘風所及，仍然有不少文化「中」年繼續信奉和寫作他們青年時堅信的理論，我難免啃了不少。雖然它表面上不在了，但是套句馬克思在《共產黨

宣言》的那名句：「一個幽靈，批判理論（按：原文是「共產主義」）的幽靈，在歐洲游蕩」，現時歐洲泛濫的左膠思想，以及綠色運動等等，均是脫胎於「批判理論」。

最後，「批判理論」的英文是用大楷寫「Critical Theory」〉至於小楷的「a critical theory」，指的是用「批判思維」的方式，去揭露、批評、挑戰現存的權力架構。

81. 獨立思考：誰都知道，我們不可能離開所有旁人影響，進行完全獨立的思考。我花了一些時間，企圖找出「獨立思考」的科學定義，卻發現了，每個人都此名詞的解釋都是憑著自己的揣摩，並沒有嚴格的標準或定義。

簡單的說，凡是盡量客觀、盡量旁及更多別人意見的思考和決定，都可稱為「獨立思考」。

82. 自由心證：日常用語的「獨立思考」並無一致並嚴謹的定義，但是在法律界，卻稱為「自由心證」(free evaluation of evidence）。這是來自西方的法學理論，有著嚴格定義。

台灣的《民事訴訟法》第 222 條第 1 項：「法院為判決時，應斟酌全辯論意旨及調查證據之結果，依自由心證判斷事實之真偽。」「……III 法院依自由心證判斷事實之真偽，不得違背論理及經驗法則。IV 得心證之理由，應記明於判決。」

《刑事訴訟法》第 155 條第 1 項：「證據之證明力，由法院本於確信自由判斷。」其但書是：「……但不得違背經驗法則及論理法則。」

在所有司法案件，關於事實的認定，都要依照證據判斷。

83. 虛假原因：人會說謊，也會造假，這是人所公認的常識，甚至是官方文件，也常有造假。甚麼是虛假的事件，不說也明。可是，假如造假的不是事實，而是原因呢？

誰都知道，秦始皇統一六國，是為了一統當時華夏文化共同體，即已知的文明社會，但是在其官方說法，卻不是這回事，而是指摘對方：韓、趙、魏、楚等國都是違約，兼且率先攻擊秦國，燕國派荊軻來刺殺秦始皇，齊國則是主動和秦國絕交。

這證明了，縱然是官方文件，也不一定真實。如果你看了，相信這個官方杜撰的虛假原因，你就是被忽悠了。

84. 虛構的真實：小說和影視作品，除了真實傳記之外，其故事都是虛構的。然而，虛構的故事卻記錄了真實的背景，狄更斯、奧斯汀、雨果等人的寫實小說反映了十九世紀的社會狀況，張婉婷導演的《秋天的童話》說出了當時在紐約居住的低下階層香港移民的生活。

《錫安長老會紀要》(Protocols of the Elders of Zion) 已

被證明是一份虛構的文件，其內容講述的猶太人意圖征服世界的計劃，當也是虛構的。可是，人們赫然發現，這其中的部分步驟，例如以傳媒作為手段，和利用經濟戰，瓦解全球政府，居然正在現實世界進行中，只是不知幕後究竟有無推手，抑或是自發事件，亦無法證明事件是否猶太人在操縱。

高明的虛構必需建立於真實，影視作品在拍攝前經過了廣泛的資料搜集，秦始皇說出六國的種種卑鄙行為也是真實發生了。然而，縱然背景真實，也並不代表事件也是真實。它始終還有可能是虛構的。

85. 粉飾：亞洲四大妖術，分別是中國的美圖術，日本的化妝術，韓國的整容術，泰國的變性術：人還是相同的一個人，只是把他變成了他心想的形象。這就是所謂的「粉飾」，即是事件仍是真實的，但是別人所看到的，卻是比現實更美好的形象。

在我們的日常對答，常有粉飾的字眼，例如把「失業」稱作「待業」。和美女說「到我家喝咖啡」往往就是把「和我上床」粉飾了的婉轉語。

86. 抹黑：「粉飾」是把壞的說成好的，「抹黑」則是把好的說成壞的。這有兩種方法，一是虛構事實，二是用壞的字眼去形容真實事件。

虛構事實不是邏輯問題，也不是思考問題，這裏不論。但其實，大部分的事件，想深一層，都不是那麼的可怕，甚至只是觀點與角度的問題，只是發佈

信息者用上了恐怖的字眼或形式，故意造成誤導。

金庸寫的小説《笑傲江湖》有這樣一段精采的描述：只聽得有人向任我行揭發東方不敗的罪惡，説他如何忠言逆耳，偏信楊蓮亭一人，如何濫殺無辜，賞罰有私，愛聽恭維的言語，禍亂神教。有人説他敗壞本教教規，亂傳黑木令，強人服食三屍腦神丸。另有一人説他飲食窮侈極欲，吃一餐飯往往宰三頭牛、五口豬、十口羊。

令狐沖心道：「一個人食量再大，又怎食得三頭牛、五口豬、十口羊？他定是宴請朋友或是與眾部屬同食。東方不敗身為一教之主，宰幾頭牛羊，又怎算是甚麼大罪？」但聽各人所提東方不敗罪名，越來越多，也越來越加瑣碎。有人罵他喜怒無常，哭笑無端；有人罵他愛穿華服，深居不出。更有人説他見識膚淺，愚蠢糊塗；另有一人説他武功低微，全仗裝腔作勢嚇人，其實沒半分真實本領。令狐沖尋思：「你們指罵東方不敗如何如何，我也不知你們説得對不對。可是适才我們五人敵他一人，個個死裡逃生，險些兒盡數命喪他繡花針下。倘若東方不敗武功低微，世上更無一個武功高強之人了。當真是胡説八道之至。」接著又聽一人説東方不敗荒淫好色，強搶民女，淫辱教眾妻女，生下私生子無數。

令狐沖心想：「東方不敗為練《葵花寶典》中的奇功，早已自宮，甚麼淫辱婦女，生下私生子無數，哈哈，哈哈！」他想到這裡，再也忍耐不住，不由得笑出聲來。這一縱聲大笑，登時聲傳遠近。

87. 心理質素：破解抹黑，需要的是強大的心理質素：只要想深一層，這些根本算不了麼。

在電影《整蠱專家》，周星馳飾演的古晶被整蠱之霸的忌廉血滴子弄得滿臉忌廉，周説：「呸！忌廉嚇得到我咩？」整蠱之霸狂妄地回應：「隔夜架喝！」周掩臉慘呼，在地上滾動，旋即省悟，坐起身説：「就算隔夜都唔使驚啫哈哇？」整蠱之霸大笑説：「無人話嗌你驚吖？你自己攞嚟典之嘛。」

其實很多被抹黑的事件，想深一層，並不可怕。例如男人被網上假裝是女人的騙徒拍了裸照，因而被勒索，也沒有甚麼可怕的地方，只是因為一時想不通，才會付錢。中國的高利貸借錢給大學生，拍下裸照作為「抵押」，男生居然多不還錢，也不怕被公開裸照，高利貸因而血本無歸，此後決定以後不再借錢給男大生，只借錢給女大生。

88. 著色：粉飾和抹黑都是「著色」的詞語。驟眼看來，「著色」是很壞的詞語，我們説話時應該盡量用中立的字眼，盡量避免「著色」。可是實際上，很多詞語本身已有濃厚的著色成份，完全無法避免。這其中最常被引用的例子是，「堅定」和「頑固」是同一意思，但一個正面，另一個反面，感覺完全相反。

我們在前文説了同一事件的不同陳述，粉飾和抹黑這些著色詞語，也可被視為同一事件的不同表達。有時候，一些輕微的「著色」字眼，可以有效的誤

導讀者，正面地看，則可以更為吸引眼球，有著文學修飾的作用。

2004 年，在 LV 旗艦店 150 周年派對，25 歲的電影紅星章子怡和富豪霍英東的 20 歲孫兒，當時還在唸大學霍啟山在宴會跳了辣身舞，還有坐大腿、脫外套、解衣扣、摸胸部等親密動作。會後霍把議員父親的法拉利跑車泊到立法會的車位，到便利店買了一瓶蒸餾水，一盒三個裝杜蕾斯安全套，走到了在旁邊章下榻的麗嘉酒店，逗留了兩個半小時，離開時一臉疲倦。

《壹周刊》記者拍下了全程，其封面標題是：「章子怡生擒霍啟山」。「生擒」這兩字活靈活現，描寫了章霍兩人的社會地位狀況，這就是輕微的「著色」。

89. 誇張：「誇張」是一種表達手法，藉此可令到受眾的印象更加深刻，從而更能記得接收的信息。因此，一位傑出的講者，必然深諳如何使用「誇張」的手法，去發表信息。

一些文藝手法的誇張，一看就可看出來，例如李白寫「白髮三千丈」，武俠小説整個故事都把武功誇張了。心理學家做過無數的實驗，證明了人們在事件描述中，也傾向把數字誇大，例如一百多人被燒死，轉述後變成了二百人，再轉述增加至二百多人，跟著又成了三百人，以此類推，越滾越大。

90. 以訛傳真：假話的流傳，稱為「以訛傳訛」，這是人所皆知的成語。但有時候，本來是真實的事件，傳到了後來，卻變成了不真實，誇張自然是其中一大因素，也有其他的因素。

《史記‧呂不韋列傳》說有一位大陽具的人名為「嫪毐」，可把陽具當作車輪軸子，推車行駛，「使毐以其陰關桐輪而行」。姑不論人類有沒可能有偌大的陽具，用它來作軸推車而行，除非把整條陽具切下來，否則不可能。

我的推測是，先是有人誇張地形容嫪毐的陽具大如車軸，後來以訛傳真，講成了用陽具來轉動車子。

91. 引導：「引導」是人類交流常有的作法。女朋友說：「我餓了。」她的目的多半是引導同她一起去吃飯。「引導性問題」（leading question）即是在問題中蘊含了希望對方說出的答案，例如問孩子：「你是不是不喜歡溜滑梯？」

如果是在警方盤問或是在法庭中使用這手法，就叫「暗示性審問」（suggestive interrogation），例如問證人：「在你有限的視線中，你覺得被告有沒有傷害到事主？」

在統計學的問卷，也常常使用類似的方法，去左右結果，以得出自己希望得出的答案。

92. 誤導：「誤導」就是令到對方走往錯誤的方向，這可能是故意，也可以是無意。你亦可以用謊言來作

誤導，例如項羽兵敗逃亡到陰陵，向老農夫問路，結果老農夫引領項逃到了大沼澤，他因此而被劉邦的軍隊追上，最終自刎而死。

不過我們不知農夫是故意說謊，還只是無心誤導，更不知有無此事，只是有人杜撰出來，欺騙了此故事的作者司馬遷。

高水平的誤導，是用包裝了的真話去作出誤導。

93. 複合問題：問題之前預設了前提，是一種語言陷阱，稱為「既定觀點問題」（loaded question），又稱「複合問題」（complex question），例如問：「很久不見，你現在還（同以前一樣）喜歡嫖妓嗎？」

但請記著，這只是限於「問題之前預設前提」，即是「複合問題」。其他情景例如父親和綁匪談判：「我同你談贖金之前，你得先讓我聽見兒子的聲音，好讓我知他尚在人間。」這是先決條件，也不是問題，雖然是預設了前提，但並不算是「複合問題」。

94. 不當預設：「複合問題」不一定是錯的，例如剛才那句「很久不見，你現在還（同以前一樣）喜歡嫖妓嗎？」如果被問的是像特朗普一般的資深嫖客，這就是正確的陳述。但如果你問的是一位天主教神父，這問題是犯了「不當預設的謬誤」（fallacies of inappropriate presumption）。

這謬誤是把不應視為理所當然的前提視為理所當然：前提既然錯了，則這句話自然也是錯的。

95. 丐題：「很久不見，你現在還（同以前一樣）喜歡嫖妓嗎？」這句話，在英語的日常語言，叫作「begging the question」，中文把它譯作叫「丐題」，或「乞題」。「不當預設」是一個大家族，「丐題」是其中的一支，下面講的「循環論證」又是一支。

96. 循環論證：「循環論證」（circular argument）意用來證明結論的前提就是結論本身，例如說，上帝存在的證明是因為《聖經》，而《聖經》的真實性則因為這是上帝默示先知寫出來的。
    我有一個富二代朋友說過一句精彩的話：「我最佩服兩個人，一個是我父親，因他有我這個出色的兒子。另一個是我自己，因我有一個出色的父親。」

97. 細節：俗語說：「魔鬼隱藏在細節。」可是，前文講過，由於細節太多，除了上帝，人類無法知悉所有的細節。這兩個矛盾的說法究竟應該如何調和呢？
    答案在於成本效益。有一些事物的細節非常重要，例如法律文件、飛機零件、精密科技的設計，差一點點就會造成極大的傷害，當然要寸鉄必究。亦有一些事物的細節無關宏旨，例如超級市場特價品的折扣。
    這並非說，你永不計算特價品的折扣，這得看你的本人的財政狀況，以及時間成本，例如一位家庭主婦，子女上學的一段時間無事可幹，計算特價品的

折扣，總比到處亂逛買名牌為佳。然而，李嘉誠把時間花在格價，成本就太高了。

不過，就算是李嘉誠，也不得不關心法律文件的具體條文，他投資精密科技，也必然看其細節。

98. 大方向：《列子・説符》有一個故事：九方皋是伯樂也佩服的相馬家，我相信讀者應知誰是「伯樂」吧，不用解釋。九方皋為秦穆公找良馬，則連顏色和性別也説錯了，皆因他只看重點，馬身顏色和性別這些無關痛癢的細節，卻忽略了。結果，這匹馬果然是「天下之馬」。

這故事相信是杜撰的，皆因馬匹的顏色和性別是非常重要的信息，相馬者不可能忽略。但這説明了一個原理：大方向的重要性。

一篇文章寫得文采斐然，令人激節讚賞，卻有幾個錯字。反之，也有人把文章寫得無懈可擊，沒一句錯文法，沒一個錯字，起承轉合完全符合格式，但卻悶得令人打呵欠，也大有人在。學作文取得高分的優秀學生，往往就是這種寫法。

1965 年，武俠小説作家金庸歐遊，在《明報》連載中的《天龍八部》找了也是武俠小説作家的倪匡代筆，但要求倪把稿子寫好後，給《明報》的編輯兼專欄作家董千里看一遍。

據倪匡説，這是金庸認為他的「中文不好」。董千里的中文當然比倪匡好，但金庸卻找倪匡代筆，不找董千里，皆因小説的好不好，文筆次要，故事講

得好，才是主要。

後來，倪匡成為了武俠劇本大師，包辦了邵氏公司的所有武俠電影劇本的寫作，也成為了科幻小說大師，是香港和台灣最暢銷的科幻作家。而董千里的中文程度雖高，但論寫作成就，則和倪匡相距不可以道里計。

這並非說，大方向比細節更重要，而只是說，兩者是不同的概念。老闆注重的是大方向，可是沒有優秀的下屬為他處理細節，不管大方向有多對，也只會失敗收場。一本小說不管故事有多優秀，文句不通、錯字連篇，讀者也會唾棄。然而，誰人出生就可當老闆，如果細節做不好，又哪有後來成功當上老闆的可能呢？如果文字不佳，編輯根本沒興趣把故事看完！

99. 大事與小節：俗語說：「成大事者不拘小節。」換一個抹黑的講法，則可以是：「為求達到目的，不擇手段。」

本書的主題並非討論這作法好不好，因此只是指出，大事和小節，就如大方向和細節，是全無關係的兩個概念，甚至可以說，大事成不成，也可和小節分討論。

毛主席風流倜儻，但從「成大事」的角度看，他絕對是成功人士，是秦始皇以後對中國影響力最大的偉人，實至名歸。以上兩者並沒矛盾，完全可以並存。

100. 評價：毛主席的例子，牽涉到如何評價人物。人們很喜歡為一個人物的生平功過加減，打一個總分，這是不可能的任務。美術、物理、語文、體育等等十幾科的分數加在一起，計總分、定排名，這是學校幹的事，對現實人物也用這方法來作出評價，很無聊。

人們很喜歡把大人物當作完人，整個生命不能有一點瑕疵，又或者是，用個人品德來抹黑政治人物，例如在政治選舉時拋出性醜聞，實則，兩者並無矛盾：渣男也可成為大人物，畢加索玩弄過千名女人，斯大林在大清洗期間，把一百多萬名政敵判刑坐牢，槍殺了幾十萬人，但他拒絕把敵方將軍交換自己的被俘兒子，領導蘇聯打勝了納粹德國，兩者同時事實。

簡單點説，對人的評價不妨逐科計算，用不著所有科目加在一起，計算總分。不過，大部分的人只考一個科目，例如説，我的外婆的喪禮，其兒子，也即是我的舅父，宣讀祭文，內説她撫養長大三子三女，是一生功績，而地球云云大部分人，皆是如此，死不留痕，也不需作出評價。

1859 年，美國人 John Brown 要求廢除奴隸制，舉兵起義，殺害了五名南方奴隸主解放了許多奴隸。未幾，Robert Lee 將軍出兵鎮壓，John Brown 被捕兼被處絞刑。

John Brown 和 Robert Lee 究竟誰對誰錯？問題在於，有的事難以分出對錯，也不用強行去分。尤其是政

治人物，往往遵從「成者為王，敗者為寇」，以及「竊鉤者誅，竊國者侯」的叢林法則。

101. 標準：本書在開始的時候，說的抽象、定義、概念等名詞，比較學術性、哲學性，其後的抹黑、誇張、細節、大方向等節目，則去了常識層面。現在講「標準」，又回到了哲學討論。

剛剛講完不可能全方位的評價一個人，但真要作，也可以，不過在評價前，先得訂下標準。或許我們可以說，「標準」是一個作業平台，沒有共同標準，大家無法在平台共同作業。中國人說的，夏蟲不可語冰：盲人也無法欣賞到美麗的臉孔。

廣義看，我們必須假設了某些標準是是對的，又或者是，假設某些事件是事實，才可作出任何有意義的思考或交流。例如說，在西方的政治討論中，民主和自由這些價值就是「標準」，符合它們，就是好，不符合，就是壞。

如果要推翻這標準，就要再往上推，例如你說，民主和自由只是次要，財富才更重要，因此只要有財富，有沒有民主、自由，均是小事。跟著你又可能說，民主、自由、財富，都是手段，目的是快樂，只要能得到快樂，有沒有民主、自由、財富，都沒相干，例如不丹沒有財富和自由，朝鮮三者均無，可是人民卻很快樂。

你又可以說，人類是生物，快樂不快樂是次要，最重要的是基因繁衍，在這方面，西方社會比不上伊

斯蘭社會，而尼日的生育率是 6.73，因此它才是最值得仿傚的。我會説，生育率再高也沒用，被人殺光了就甚麼都沒有，因此武力才是最重要的。

總之，「標準」可以任人任意制定，但不可能沒有「標準」。

102. 既定標準和大約標準：我們每天都會遇上多宗事件，也經常會對人、事、物作出評價，如果每評一人一事一物，都要先訂標準，這豈非太累了？

是的，我們點評時事、身邊事，也會評價某作法是否符合正義、公義，某人是好人抑或是壞人，但其實在點評之前，心中已有了既定的標準，例如説，已婚女人普遍認為，小三都是壞女人，不管這小三有多討人歡喜，做了多少好事，只要是小三，就簡單直接地被視為壞女人。

這些既定標準可能是大概，當遇上個別案子，可個別修改，但卻可即時現用。在大部分的日常瑣碎生活，用不著次次另訂新標準，馬馬虎虎，將就用算了。

103. 單一標準：乍看，只要有標準，就可以比較高低。但實際上，人或事的比較，也可以有多於一個標準，例如在 2020 年，我當過亞洲小姐的評判，其中評選標準包括了智慧、美貌、體態、才華、才藝、力量、外形、內涵等等因素。如此一來，又回到了學生的成績表，得把不同科目的分數疊加起來，計上一個

總分。

更簡單的方法，是甚麼條件也不管了，只管就一條件訂立標準，大家只比一項，如選美只比樣貌，其他的諸如智慧、體態、才華、才藝、力量、外形、內涵等等條件全都不管。這單一標準雖然粗暴，但直接，可以用最省力的方法，去比較出高低。

李光耀是新加坡的國父，一手打造出今日繁榮安定的新加坡。可是，在八十年代，他還在執政時，我不時看到、聽到批評他和新加坡的聲音，他們認為，新加坡不是好國家，理由只有一個，就是它（在當時）一（人民行動）黨專政。反之，貧窮混亂治安不佳的印度卻是好國家，皆因它有民主。

這種單一標準的評價方式，雖不全面，但卻簡單，容易得出結果。這好比女人的擇偶標準，如果要求對方同時符合高大、英俊、富有、溫柔、有生活情趣等等，有點困難，但只要求富有一項，就簡單得多了。

104. 雙重標準：「雙重標準」，簡稱「雙標」，是日常用詞，指的是對同一性質的事情，有著不同的判斷與行為，這可能因為利益，也可能因偏見和歧視。中國有一些傳統的語句形容這作法，如「只許州官放火，不許百姓點燈」。在現代社會，警員的「選擇性執法」也是其中一種行為。

親疏有別是基本的人性，諺語也有所謂「利字當頭」，我們毫無疑問也會傾向於利益先行，說穿了，

歧視和偏見也不過是「老子就是不喜歡」，莫非連個喜好也禁止嗎？因此，雙重標準是難免的，也是正常人性，甚至是，明明需要公正的評價，甚至是明明不涉及任何利益，但我偏偏喜歡要雙重標準，難道不可以嗎？

雙重標準有時是自己制定的，例如外母對著富有／貧窮的女婿，當有不同標準。這標準有時是別人制定，外人無從置喙，例如美國對於其他國家的外交政策：同是不民主的朝鮮和沙特阿拉伯，但卻有一壞一好的兩種截然不同的態度。

最重要的是，以上的所謂「雙重標準」，其實有著更高一層的標準，就是外母對女婿的標準不是人品，而是財富，美國外交的標準不是民主，而是利益，只是他們不能把這標準說出來，只好口說一套，做是另一套。

問題在於，絕大部分抱持雙重標準的人，根本不知道自己是雙重標準，又或者是看不出別人的雙重標準，還以為自己很公正，又或是以為別人很公正。不過，無知並不可怕，因為大部分人都很無知，作為一個智者，在世界上生活，也沒多大優勢，只是，本書的主題，正是企圖令到提高讀者的「知性」，雖然，對於生活水平，除了自我感覺良好，也沒甚麼明顯的幫助。

105. 並存：不同的標準，可以並存而不矛盾。我有一個朋友，叫「倪震」，是大作家倪匡的兒子，唸華仁

中學，是天主教名校。他有一個姐姐，叫「倪穗」，唸聖保羅男女中學，是基督教名校。倪穗成績很好，中學會考得到 2A3B3C，就只是中文考了個 D。倪震每一科都比不上姐姐，但是中文成績是 C。

一方面，可以説倪穗的成績輾壓倪震，絕大部分的成績都勝過後者。但從另一方面看，也可以説兩人的成績各有千秋，倪震的中文成績，勝過姐姐。這兩個評價標準可以並存，互不矛盾。

這正如毛澤東在以家庭婦女的標準而言，可被視為「渣男」，遠比不上一個一夫一妻、循規蹈矩的普通農民，這也並不與他的成就互相矛盾。

要注意的是，把以上的思考方式推至極致，我可得到一個結論：

周顯和蓋茨各有千秋。因蓋茨儘管更富有和更聰明，但周顯卻更年輕，也懂得漢語而蓋茨不懂，雖然，這説法並沒有甚麼不對，也的確是可以並存，但兩人差別太明顯了。

換了倪家姐弟的個案：他們的父親是大作家，因此中文成績在某程度上代表了傳承基因和能力，是相關的。後面的發展，倪震亦當上了作家，算是子承父業。再説，倪震在其他科目的成績雖然比不上姐姐，但也全部合格，後來亦憑此成績成功被美國的大學錄取了。

「並存」可以作為另類思考，但正如周顯和蓋茨的個案：當作出另類思考時，千萬別流於極端，這可以參考後文「極端相對主義」條。

106. 選擇性執法：剛才說了「選擇性執法」，這是很好的思考例子。《維基百科》的定義是：「當警察、檢察官等政府官員行使執法自由裁量權時，就會出現選擇性執法，即選擇是否行使或如何懲罰違法者的權力。執法者會有偏見地行使執法自由裁量權，例如基於種族偏見或是腐敗因素。通常選擇性執法被認為是一種法律濫用行為和對法治的威脅。」

以上的說法並非事實的全部。第一是在前線的執法人員，能力有限，不可能把法律 100% 的執行。以違例泊車為例子，很可能只是因為巡邏警員有的看到，有的看不到，因此有的有罰單，有的沒罰單，人們可能誤以為這是警員的「選擇性執法」。

前述的《維基百科》的定義，正名應是「選擇性不執法」，因是把不應放的犯人放了，例如該人是犯了「與未成年少女發生性行為」，這在香港，由於條文一共是 11 個字，因此謔稱為「衰十一」。但由於他向相關官員作出了賄賂，或是因有政治利益交換，因而不予起訴，這在中文，應稱為「枉法」。如果是收了錢去「枉法」，則叫「貪贓枉法」。

現時大部分被指為「選擇性執法」的案件，例如政治檢控，則主要是該人的確是犯了罪，但這罪本來並未被發現，只因他是當權者的政敵，因而被執法人員認真查案，終於被抓到了紕漏，因而被檢控。

換言之，這人的確是犯了罪，但這罪本來藏得好好的，本不應被揭發，但卻因政治犯錯，因而被當局投以大量執法資源，終於把他繩之於法。但歸根結

蒂，如果沒有背後的理由，他本來不應被檢控，本來不應坐牢。這好比一個人本來有心臟病，因被兒子的爛賭欠下巨債被激得病發而死，那麼，他是死於心臟病，還是被兒子激死？

我們可以說心臟病是「遠因」，被兒子激怒是「近因」，也無不可。正如前述那人的政治犯是「遠因」，犯罪事實則是「近因」。

107. 政治檢控：至於政治檢控，即是因政治原因而對該人作出其他的檢控，例如當年馬來西亞政府對其首相馬哈蒂爾對其政敵安華控以該國違法的「雞姦」罪名，就是「更高標準」，只這不能宣之於口。

另一例子是當年香港某位富豪被政府控以偷盜上市公司的公款，這當然是事實，但真正的內在原因，其實是該富豪在不久前，指派刀手斬其不聽話的下屬，由於主僕均是名人，因而鬧成大案，政府查不出誰是刀手，唯有退而求其次，大肆翻查富豪過往的劣跡，據富豪的秘書對我說，用上了商業犯罪調查科的八成人手去查此案，雞蛋裏終於找出了骨頭，查到了富豪在另一宗事件的犯罪記錄，於是抓了他去坐牢。

這手法其實是中文成語的「旁敲側擊」，即這方面攻擊不到你，便攻另一面。最有名的個案是美國禁酒時期的黑幫頭子「卡彭」（Alphonse Gabriel Capone），因沒證據控告他販賣私酒，於是成功以「逃稅」的罪名送他入獄，判了 11 年徒刑。

108. 任意：之所以要訂立標準，只是為了作業方便，要
於標準如何制定，則非關宏，甚至可以任意制定，
只要不與作業違背，也都可以。事實上，標準幾乎
大都是任意的，例如說，蒙古人屠城前，留下兒童
不殺，而對「兒童」的定義是「高不過車輪」，這
就是任意的決定。

在香港，「最低合法性行為年齡」是 16 歲。為甚麼
要在 16 歲，而不是 15 歲或 17 歲？在柬埔寨，是 13
歲，緬甸和中國是 14 歲，泰國是 15 歲，台灣和韓
國是 18 歲，而在阿拉伯國家，則不限年齡，不過禁
止婚外性行為。很明顯，「最低合法性行為年齡」
是任意訂立的。

幾乎所有的標準，都是任意訂立。1986 年，太空穿
梭機挑戰者號初次承載非專業太空人，是一位教師，
名為「Christa McAuliffe」，太空總署要求穿梭機的失
事率要低於十萬分一，才可啟航。結果，起飛 73 秒
後，穿梭機爆炸。

為甚麼十萬分一的機會率，也會失事？這並非真的
這麼巧，而是計算的參數是任意訂立的，並沒有任
何客觀的科學根據。甚至，只是因為上司的要求，
度身訂造出來，結果自然是一場災難。

正因為標準的任意性，它隨時可以改變。例如說，
2004 年，香港經濟和樓價不景，政府為了幫助發展
商減低成本，降低了風力標準。今時今日，LGBTQ
思想泛濫，一男一女作為一夫一妻的婚姻標準也受
到了打擊，在一些國家，男男婚姻和女女婚姻也已

合法化了。

109. 歌德爾：數學家歌德爾的「不完備定理」是這樣說的：「任何一個形式系統，只要包括了簡單的初等數論描述，而且是自洽的，它必定包含某些系統內所允許的方法既不能證明真也不能證偽的命題。」

這課題太深奧，我不知解釋得對不對，總之，把前提不停的追溯上去，必然有一個起點，而這起點是無法用其他外來方法去解釋的，這正如宇宙在大爆炸的起點前的狀況，是無法可知的。這好比一本字典，就是自洽的：如果你一個字也不識得，無法讀通一本字典，但如果你會得幾十個字，就有可能以這幾十個字作為基礎，把整本字典的內容推理出來。人類的知識上，有一些最基本的公理，就是證明不了的，我們只能接受，不容質疑，否則無法思考。例如說，三角形的三個內角的總和是 180%，就是其中之一。

110. 不證自明：換言之，世上有一些「不證自明」的公理。可是，在日常的非正式用語，卻常常濫用了「不證自明」的這名詞。例如說，在美國的《獨立宣言》中，有一句：「我們認為以下真理是不證自明的：人人生而平等，而且造物主賦予他們某些無法被剝奪的權利，包括生命權、自由權和追求幸福的權利。」

這裏所說的「不說自明」，只是一種文學上的修飾，並非絕對意義上的「不證自明」，好比中文的「原

子筆」，指的是「鋼珠筆」，「原子」二字只是在當初在中國市場推出，為了吸引人們購買，用來宣傳的嘩眾字眼。

111. 公理：所謂的「公理」（axiom），指的就是不證自明的命題，例如 a+b=b+a，整體大於局部，諸如此類。

112. 定律：英文字的「law」，除了解作「法律」，還可解作「定律」，意即對自然規律的客觀描述，例如牛頓對於物體運動的三大定律：
第一定律，即「慣性定律」：假若施加於某物體的外力為零，則該物體的運動速度不變。第二定律，即「加速度定律」：施加於物體的外力等於此物體的質量與加速度的乘積。第三定律，即「作用力與反作用力定律：當兩個物體交互作用於對方時，彼此施加於對方的力，其大小相等、方向相反。

113. 定理：「公理」是不證自明的，「定律」是通過實驗總結得到的客觀規律：「先有實驗，後有結論」。所以，「定律」是已證明的。至於「定理」(theorem)，指的是在定律的基礎上推導出的新規律，而這是已被證明是真的。
例如說，經濟學上的寇斯定理（Coase theorem）的字典解說是：「從強調交易成本解釋的角度說，寇斯定理可以描述如下：只要交易成本等於零，法定權利（即產權）的初始配置並不影響效率。」

114. 理論:「定律」是描述性的,用不著解釋其箇中原因,
但是「理論」(theory) 卻是對事物的內在原理的解釋。
《維基百科》的說法是:「指人類對自然、社會現象,
按照已有的實證知識、經驗、事實、法則、認知以
及經過驗證的假說,經由一般化與演繹推理等等的
方法,進行合乎邏輯的推論性總結。」

115. 原理:當「理論」經過大量的觀察和實踐的驗證,
確定它是真確的,就可以升級,作為「原理」
(principle)。
在現實應用上,很多被稱為「原理」的,不外是
「理論」,只是文藝上的修飾把它升級了,例如
由 Laurence Johnston Peter 寫的的「彼得原理」(Peter
principle),其內容是:如果在組織中以績效去決定成
員的升職,那麼,每個人都會在他最不勝任的位置
停留。
事實上,其書名雖然有「原理」,但其副題已承認
了它只是「理論」:《The Peter Principle: A Theory of
Decline》。

116. 猜想:日常語言的「猜想」和哲學上有嚴格定義的
「猜想」有著很大的分別。我們平時很少會用到哲
學語言的「猜想」,因此和本書的主題也沒太大關
係,不過既然說到這裏,也就約略說說。
「猜想」就是未經證實的「定理」,我們也可俏皮
的說,它是「定理的原材料」,一旦被證實了,它

就不是「猜想」，而是「定理」了。這其中一個最有名的，「哥德巴赫猜想（Goldbach's conjecture）：「任何一個大於 2 的偶數，都可表示成兩個質數之和。」

117. 解釋：「理論」和「原理」是用來「解釋」事件：「解釋」好比是一條繩子，把事實串連起來，以理解事件的原因，以及事件和事件之間的關係。

阿根廷的經濟不佳，令到 2023 年，主張激進改革的米萊上台當了總統。然而，由於其瘋狂的改革，經濟更加每況愈下，民怨沸騰。不過，就在當年，阿根廷的消費物價指數 (CPI) 升了 211.4%，好像很壞很壞，可是，股市卻升了 347%。很多人大惑不解，有人甚至認為，這是大家「誤解」了阿根廷經濟……這其中，究竟有何奧義呢？

話說廿一世紀，津巴布韋發生了震驚世界的惡性通脹。2007 年，年增長率達到了 110 倍，注意，已是「倍」，而不用「%」了。2008 年 6 月，單這一個月的通脹率，到達了 11.2 萬倍了。2015 年，它索性棄用本幣，直接使用美元算了。

很少人知道，這段期間，津巴布韋的股市升幅，非但完全抵消通脹，而且還略有進賬。

這並非津巴布韋有經濟增長，有經濟增長就不會有惡性通脹了。我在《炒股密碼》中解釋過一條經濟「定律」，嗯，或許這一條只能稱為「理論」吧：通貨膨脹時，資產價格升幅會高於通脹升幅，反之，在通貨收縮時，資產價格跌幅也會大於通脹跌幅，

這正如香港在 1998 年開始經濟收縮，通貨也收縮，不過股市的卻跌了接近一半，跌幅遠在通貨收縮之上。

以上例子告訴我們：正確的理論可以有效地解釋世上的事物。但如果只觀察出現象，卻並沒有理論去解釋現象，這好比知道發燒而不知生了甚麼病，只能算是「知道」了事件的表面而已。

118. 準確性：一句話越是準確，其信息含量越高，也越是精準確，同時錯誤的機會越大。比較以下句子：1. 他身高六呎左右。2. 他身高六呎一吋。3. 他人名叫「陳大文」，身高六呎一吋，已婚。4. 他名叫「陳大文」，身高六呎一吋，已婚，太太是個俄羅斯人。以上四句，越到後來，信息量越大，也越準確，但越準確，代表了其是錯誤的機會越大。試想想，假如這個人的老婆是美國人，則 1、2、3 均是對的，但 4 卻錯了。這在日常生活中，最佳的比喻是：多做多錯，少做少錯。

現時的所有科學定律，只會説明它是在某尺度下的準確性，例如說，牛頓定律是對的，但只限於原子尺度，但是要計算比原子還小的尺度，則心須求諸量子力學。

119. 範式：1962 年，孔恩出版了《科學革命的結構》，提出了「範式」(paradigm) 的概念。

這本書的寫作，源於他讀阿里士多德的《物理學》，

以現代科學的知識來看，古希臘時代的物理學當然很可笑，孔恩很奇怪為何阿里士多德這樣聰明的人，也會犯上很多不應犯的錯誤。但在讀了又讀之後，他終於明白了阿里士多德當時的想法。

簡單點說，知識脫離不了時代的背景：有時明知道理論在某程度與現實相矛盾，但由於沒有更好的理論可以去解釋現實，只能暫時使用。現時流行的理論，就叫做「範式」。

「範式」不是一成不變，其改變有兩項因素。

一是觀察能力的增進，令到人們越來越覺得現有的「範式」破綻太多，有太多的現實無法解釋，好比當年伽利略發明了望遠鏡，對天文學的知識大躍進，因而覺得固有用來解釋天文的「托勒密系統」，也即是以地球為宇宙中心的理論和計算方式有重大缺陷。

二是有人提出了更佳的理論，可以更好地解釋到現實，例如哥白尼的「日心說」，可以更好地解釋和計算天體的運行。

我們可以看出，改變「範式」的兩大因素，是一而二，二而一的：伽利略的發明望遠鏡和「日心說」取代「托勒密系統」，兩者是連動事件，接續地發生。而這種情況就叫做「範式轉移」(paradigm shift)。

在很久的以前，人類把所有事物的解釋都歸於神，天災是神的旨意，重大決定都訴諸求神問卜，看希臘史詩，連戰爭的勝負，人們也是以為由神來決定。

這決非人類不知道這理論沒有解釋和預測能力，而是當時沒有更佳的解釋方法，只有馬馬虎虎，暫時將就用著。

套諸政治學的理論，西方民主理論向來有一個說法：民主不是最佳的制度，它有很多缺點，但它是現存的所有政治制度中最好的一種。換言之，這好比兩個人被老虎追趕，你不用跑得比老虎快，只須跑得快過另一人就足夠了。

到了後世，人類的科學知識進步了，求神問卜來決定一切的頻率也減低了，越來越多地訴諸科學，去解釋現實和解決事情。用科學來取代神學，也可算是「範式轉移」的一種。

簡單點說，「範式」就是解釋了為何會繼續使用明知有重大缺陷的理論：人們依賴理論來作思考，當沒有更好的，只有暫時用著現有的。

120. 範式與現實：我不知這一段應放在哪裏，唯有馬馬虎虎，放在這裏。

「托勒密系統」計算天文曆法的基本原理，是基於太陽以及所有天體繞著地球旋轉。這當然是錯的，今日的小學生也知應是地球繞著太陽公轉才對。可是，這個基於錯誤理論的計算方式，雖不完全準確但很有效的計算出天體的運行，被西方人使用了一千多年。然而，今日的小學生縱然掌握到地球繞日的正確知識，卻不曉得如何計算天體的運行。

這證明了，掌握理論、洞悉正確的範式，和現實的

計算和思考，可以是兩回事。愛因斯坦製造煙花的能力，比不上明朝的一個煙花工匠。這正如那個有名的故事：

一位哲學家與一位漁夫同坐一條船渡河。哲學家問：「漁夫，你懂不懂哲學？」

漁夫說：「不懂。」哲學家說：「那太可惜了，你失去了三分之一的生命。」

哲學家接著又問：「那你懂不懂數學？」漁夫回答說：「不懂。」哲學家：「那你已失去了三分之二的生命。」

突然一個浪頭打過來，哲學家與漁夫都掉到了河裏。漁夫問哲學家：「你懂不懂游泳？」哲學家嗆著水說：「不懂。」漁夫說：「那你就更可惜了，因為你馬上就要失去全部的生命。」

121. 解釋力：「解釋力」（explanatory power）在《維基百科》的廣東話版說法是：「係一個理論或者假說會有嘅一個特性。如果一個理論或者假說解釋力勁，即係話個理論假說能夠有效嘅解釋佢應該要解釋嘅現象。」

一個「範式」之所以取代另一個「範式」，皆因它的解釋力更強。這包括了：它可解釋更多的事實，它的描述更精確，它有更高的預測能力，它需要更少的假設等等。

122. 修正：「範式」的改變，在大多時候，不是完全推

翻以往的結論，而只是根據以往的結論，作出微調、或是大改，但基本上，只是修正，全盤推翻的個案，是很少很少的。

一百年前，愛因斯坦發表了相對論，就算到了今天，牛頓的公式仍然在應用，皆因在某尺度的計算，不需要用到相對論的準確性，反而牛頓的公式雖然沒那麼準確，但簡單得多，反而更被廣泛使用。電影編劇寫劇本，通常一稿二稿三稿四稿五稿六稿七稿八稿九稿十稿，不停的修改，盡量把作品貼近完美，雖然，誰都知道，完美是不可能的。

劇本到甚麼時候修改完畢？資金未到位時，只要有空，就不停修改。資金到位後，通常用最快的速度，修改不多於三次，甚至全不修改，馬上開拍，或是邊拍邊改。

123. 疑點與保守主義：「疑點」的漢語字典解釋是「可疑之處」，用「疑」字來解釋「疑」字，明顯不合格，但我想來想法，也想不出不用「疑」字的另一說法來解名詞「疑點」。不過，單一個「疑」，卻可解作：不確定、不相信、迷惑。

沒有事是絕對，從雞蛋裏找骨頭，任何事都可找出「疑點」。丈夫襯衫的部分後下擺從褲子甩了出來，很可能是脫過褲子，但要憑這條「證據」去證明他曾經和其他女人發生過性行為，理據未免太過薄弱。說不定他大過便，穿回褲子時穿不好，或者坐姿不佳，乘地鐵時拉過頭上把手，都有可能無意中把襯

衫後擺拉扯出來。

因此，就這事件去指控丈夫曾經偷情，是「證據不足」，法律術語是「毫無合理疑點」(beyond reasonable doubt)。刑法的原則是「疑點利益歸於被告」(the benefit of the doubt goes to the defendant)，只要「證據不足」，就不可入罪，如果證據太過薄弱，連「表面證供」也達不到標準，甚至連提出檢控，也不容許。

「表面證供」的拉丁語是「prima facie」，又譯作「初步證明」，這法學原理普遍適用於整個西方司法界。套回前文講過的「範式」理論：要想改變「範式」，首先得有足夠的「表面證供」，例如說，伽利略發明了望遠鏡，把觀測月球的精確度大幅提高了，人們赫然發現，使用中的「托勒密系統」並不足以解釋觀測到的地月運行規律。有了「合理疑點」，才會對這「範式」提出「檢控」，最終「成功入罪」，把「托勒密系統」關了去「坐牢」。

說回去，望遠鏡發明前，儘管已知「托勒密系統」有著不少「疑點」，然而數量和質量並不充分，即是未有「合理疑點」，只是「襯衫的部分後下擺從褲子甩了出來」，並不足以「提控」。

所謂的「保守主義」(conservatism)，《維基百科》的解說是「是一種旨在促進和保護傳統的社會制度和實踐的文化、社會和政治哲學。保守主義的核心原則因其所處的具體文化和文明的現狀（status quo）而有所不同。保守派傾向於支持保證穩定性並逐漸

演變的製度和實踐，經常反對進步主義並尋求回歸傳統價值觀。」

簡單點說，「保守主義」就是「除非證明有足夠的大好處，否則盡量維持現狀不變，或只是微調。」

中國古人也有類似的說法，如《商君書・更法》說：「利不百，不變法；功不十，不易器。」《戰國策・趙策二》也說：「故利不百者不變俗，功不什者不易器。」

「襯衫的部分後下擺從褲子甩了出來」是太薄弱的證據，但如若妻子把丈夫的外褲脫了，發現他的內褲不見了，這就構成了「合理疑點」，香港的司法界叫作「合理懷疑」，足以構成檢控了。

「利不百，不變法；功不十，不易器。」是秦國的左司空，即第一工程副部長杜摯向君主秦孝公力諫不可改革的論據。最終秦孝公還是採用了商鞅提出的「變法」，實行了政經改革，想來秦孝公是認為改革是「利百以上，功十以上」，因此施行了中國直至 1949 年之前從未作過如此激烈的「範式轉移」。

最後說的是，如果我是那位內褲不見了的丈夫，我會尷尬的回答：「我拉稀，忍不住屎了內褲，扔了！」妻子難免懷疑，可是天下通則是「疑點益歸於被告」，如有中立的法官，應判我無罪。

可惜的是，妻子並非是嚴守法律程序的法官，根據宇宙間女人共有的私法，當她是原告時，「疑點利益歸於原告」，當她是被告時，則「疑點利益歸於被告」，這才是真正的天下通則。

124. 辯證法：古今中外，皆有藉著智者之間的爭辯，去得出真理和結論，但是今日的謂「辯證法」（dialectics），主要是源自希臘，講的是真理和推理的過程。

德國哲學家黑格爾則提出了「辯證法」去作為思辯的框架：正題，引起其反應；反題，與正題相矛盾或否定；合題，兩者之間的緊張關係通過綜合解決。換言之，就是現時常用的「正，反，合」三個階段。黑格爾又把這稱為「抽象 - 否定 - 具體」，用更人民的語言來，則可視為：「問題→反應→解決方案」

黑格爾的「辯證法」之所以重要，皆因它衍生出馬克思和恩格斯的「辯證唯物法」，其後因共產主義席捲了半個世界，其影響力也就遍布了整個地球，很多思想，例如毛澤東說的「對立統一和相互滲透」，都是出自於此，因此我也特闢一個小段，提它一提，但這題目太難，不深究下去了。

125. 理想與接受現實：我們可把範式看作是人類的「理想」：理想不一定可以達到，暫時使用的重大缺陷的理論，就是「現實」。

人類不能沒有理想，更不可能脫離現實。有一句流行俏皮話：「理想很豐滿，現實很骨感。」更著名的例句是：「手術成功，病人身亡。」

所以，在思考決策時，除了有理想，也必須顧及現實。烏克蘭總統澤連斯基的理想是把國家加入歐盟和北約，現實則是俄羅斯堅決反對。因此，澤連斯

基和烏克蘭的最上算作法，是把理想做得盡量接近，但又不致於令到俄羅斯向它開戰。不過他這操作失敗了，終於，在 2022 年，俄羅斯因此原因，向烏克蘭開戰。

126. 不切實際：我有一個朋友，叫「鍾培生」，是個富四代，父親沒有工作，也沒投資，但擁有大量的現金，以及家族收租物業。鍾培生是打電玩的高手，很可能是大中華地區的第一名，有一家電競公司，日常生活就是旅行、溝女，還是個拳擊高手，打過好幾場名人公開拳賽，門票不便宜，入座率很高，皆因他是名人，有著不少擁躉。

如果有人認為，一個人用相同的方式去過活，就能獲得與他相同的財富，這就是前述的「倒果為因」。事實反而是，正因他有偌大的家族財富，才可以用這方式去生活。用另一種方式說：如果你是企圖用他相同的方式去過活，以獲得與他相同的財富，這就是「不切實際」，甚至可以說是「幻想」。

「左膠」是香港人發明的名詞，《維基百科》的說法是：「左膠受西方左派思想影響而濫用人權、濫稱包容，為社會製造深層次危機。他們經常懷有大愛但往往自相矛盾，現實如伊斯蘭恐怖主義在世界大行其道的情況，以及面對恐怖活動的態度等，以他們粗淺的想法是不能解決不同世界所衍生的各種問題。」

簡單點說，「左膠」指的就是「不切實際的左派分

子」，皆因他們的想法在現實中是不可行的。至於甚麼是「左派」，這和本書的主題無關，內容也太過廣泛，這裏不說了。總之，「不切實際」是很多人都會犯上的思考錯誤

127. 真理：不當預設是每個人或多或少都有的，這也屬於是偏見的一部分，用不著因此而覺得羞恥。世上沒有絕對的真理，從古以來很多哲學家告訴過我們，我們所經歷的一切有可能全是不存在的幻覺，所以根本沒有真理可言。

很多我們以為是絕對的真理，其實不過是個人、或同一共同體的人共同價值，而不是普世地存在。這正如在貧窮的古代社會，人們把老人送往深山等死，沒有孝道可言。西元前 1.1 萬年至 1.7 萬年，西歐的 Magdalenian 文化，人們會吃掉親人的屍體，以示「孝道」。

當然，你也可以說，真理既然是由人訂立，則誰大誰惡誰正確，正如德國的鐵血首相俾斯麥說：「真理只在大炮射程之內。」

128. 道德相對主義：看到上文，大家可能覺得我主張，世上甚麼都是相對的，沒有絕對的標準，所以也根本沒有「道德」可言。在哲學上，這叫作「道德相對主義」（moral relativism）。

《維基百科》對此的說法是：「道德相對主義是一

種立場，認為道德或倫理並不反映客觀或普遍的道德真理，而主張社會、文化、歷史或個人境遇的相對主義。

道德相對主義者與道德普遍主義相反，堅持不存在評價倫理道德的普遍標準。相對主義立場認為道德價值只適用於特定文化邊界內，或個人選擇的前後關係。極端的相對主義立場提議其他個人或團體的道德判斷或行為沒有任何意義。」

以上的極端説法可能正確，不過我保證，如果你抱著這想法去過生活，非但沒有朋友，所有身邊人都會視你為壞人，恐怕難以好好的生活。

129. 極端相對主義：很多詞語，例如美醜、好壞、肥瘦、高矮、貧富、愚智、長短等等等，其偎值都是相對的，沒有一個絕對的標準。你説這女人很醜，我縱然不覺得她是天仙美女，但也覺得她很不錯呀！你説他是好人，我説見過他打架，還打得人頭破血流。循這角度看，世上甚麼都是相對的，沒有任何絕對的事實。

這叫做「極端相對主義」，這思路從邏輯上看，雖然沒啥大錯，但很明顯，如果你抱著這思路去想、去説、去做事，將甚麼話也説不出，甚麼事也做不了。要知道，有一些判斷，雖然沒有嚴格的定義和標準，如貧富，但總有大概的標準，或者是大部分人（雖然不是全部人）的想法，只要大致上符合，便算是合標準了，用不著太過講究。

130. 無限上綱與滑坡謬誤：「無限上綱」在邏輯學稱作「滑坡謬誤」（slippery slope），意即誇大了每個環節中的強度，把可能性加大。這到了最極點，則是把「有可能」變作「必然」。

最好的例子就是中國人常説的「輸在起跑線」：人之所以沒有成就，是因找不到好工作，找不到好工作的原因，是上不了好大學，甚或是上不了大學，上不了（好）大學的原因，是上不了好中學，上不了好中學的原因，是上不了好小學，上不了好小學的原因，是上不了好的幼稚園，上不了好的幼稚園的原因，是父母沒錢。

這推理在香港，被謔稱為「贏在受精前」：要想子女有成就，男的要挑有錢女，女的要挑有錢男，才可保證自己的精子／卵子得到最佳的配搭。

1927 年，魯迅在 12 月 17 日的《語絲》周刊第四卷第一期發表了一篇名為《小雜感》的雜文：「一見短袖子，立刻想到白臂膊，立刻想到全裸體，立刻想到生殖器，立刻想到性交，立刻想到雜交，立刻想到私生子。中國人的想像惟在這一層能夠如此躍進。」

這篇文章後來收錄在《而已集》，就是另一個「無限上綱」的例子。

131. 比較：只要有標準，我們就可以對兩件或以上的物事作出客觀的比較。例如説，我們很難比較兩個人的顏值，但如要比較女人的胸部大小，或者是男人

的身高，由於有客觀的數字，以此為標準，則很容易作出比較。

反過來説，沒有標準，則無法作出比較。我們也會通過「比較」的形式去認識事物，例如説，木星是比地球大的行星。

注意，凡是比較，都得利用有代表性的事物，例如説，如要令到一個住在非洲內陸的土人明白甚麼是「鯨魚」，可以説：「鯨魚是比大象更大生物」，少不了還要加上「活在水裏」。但如果你説：「鯨魚是比螞蟻更大的生物」，這比較好比「利安納度是比周顯更英俊的演員」，這句話可並沒太大意義。

132. 類比：「類比」（analogy）是企圖明白一件未知事物，除了定義、描述之外，還可通過對已知的相似的事物的特點，相比這件未知事物，從而掌握到未知事物的認知。它可以是用來溝通、説明等認知作用，例如把原子的原子核比作太陽，電子則比作行星。也可以是文學的比喻，例如用花來比喻美女。

這在很大程度上利用到「分類」，例如説，要形容月亮的「圓」的特性，可用硬幣來作「類比」。又例如説，要形容甚麼是檸檬，也許只有植物學專家才懂得「芸香科柑橘屬木本植物」這專門名詞，但是我們可以曲線地，用橘子來「類比」檸檬，不過要附加説明：「檸檬是黃色的，而且酸得多。」

「近似類推」（near analogies）指兩個事物之間大部份類似，如用原子比作太陽和行星，又或是有朋友

從沒吃過柑子，我用橘子來作類比。「延伸類推」（far analogies）則是指兩個事物很不同，只在某個重要特點類似，例如漂亮女人和花的類似點是「美麗」。

有一點要記著：正如遠和近沒有明確的定義，「近似類推」和「延伸類推」也沒有明確的分界。

手機的「類比訊號」（analog signal）也是出於這個字，有別於「數字訊號」（digital signal），不過這與本書主題無關，表過就算。

133. 仿真：這裏説一説，「analog」也有人譯作「模擬」，這譯法不太恰當。「模擬」又有人譯作「simulation」，不過「simulation」更精確的譯法應是「仿真」。用日常語言來説：「Simulate 做得不好，是模擬，做很好，就是仿真了。」

在香港和東京，有一家米芝連三星級餐廳，名叫「天空龍吟」，其中有一道著名甜點：把一個新鮮蘋果弄碎後，加進其他食材，再經過包括冷凍和加熱等十多重步驟，再砌回成為一個糖衣蘋果，外表與普通蘋果無異，內裏卻是完全不同的東西。這份甜點，也是對蘋果的一種「仿真」。

134. 錯誤類比：「錯誤類比」（false analogy）包括了很多不同的形式，例如牽強比附、牽強類比、不當類比，甚至完全不相干，中文稱作「比擬不倫」，例如「種瓜得瓜，種豆得豆。所以，種善因得善果。」這句話好比用花來比喻美女，雖然比擬上是不倫，

但在美學上還是很不錯的。

假如相互類比的事物，雖然沒有「錯誤」，但卻「證據不足」，例如沒有相似的屬性，或者不足以支援結論時，就叫「弱類比」（weak analogy）。

135. 價值判斷：「價值判斷」（value judgment）是人類的行為，指的是評價某人或某行為的好壞。廣義來說，人的美醜、快樂與哀傷算是價值判斷。至於「道德判斷」（moral judgment），則屬於「價值判斷」的一環，主要是判斷某人或某事是否有道德，例如分出好人抑或是壞人。

當我們用上了「價值判斷」去評價人或事，意即它並沒有客觀的標準，所以只能憑藉個人的好惡，去作出主觀的評價。

136. 三觀：中文的所謂「三觀」，即「世界觀、人生觀、價值觀」的合稱。這三觀由於牽涉到的範疇太過廣闊，因此很難以訂立客觀的標準。

每個人都有自己個別的三觀，這是先天的基因、從小至大的教育、社會的意識形態、人生經驗，以及友儕的影響等等因素合成。一句話說，三觀就是我們對世界事物的評價標準。

我們常常會批評別人「三觀不正」，然而，三觀並沒有客觀的標準，因此並不存在「正不正」這回事。例如說，伊斯蘭社會的三觀，和西方社會、中國社會，是全然不同的三回事。一般來說，日常語言中

的「三觀不正」，一是指該人與自己的三觀有很多不同的地方，二是指該人和社會上大部分的人的三觀有很多不同的地方。

總括而言，三觀就是對人對事的評價標準，如果雙方的標準不同，就不可得出相同的結論。例如說，如果你對「好人」的標準是「富有」，我對「好人」的標準是「漂亮」，我們爭吵上一百萬次，也無法對某人是否「好人」達到一致的評價。同樣道理，某人心目中的「聖人」，可能是另一人心目中的「魔鬼」。

所以，男女結婚，往往要求對方同自己的三觀大致相同，這會省卻了很多爭吵。

137. 立場：「立場」的意思就是指認識和處理問題時處在的地位和抱有的態度，這可能是基於個人對三觀的標準，也可能只是基於利益，總之，我們思考時，不可能脫離立場，這好比我們站著，必須有一塊土地，否則根本「站」不了，這也是「立場」的字面意思。

這一點，後文會從不同角度的作出解釋。

138. 階級立場：這是一個馬克思主義的字眼，意即經濟地位的不同，會決定了人類認識和處理社會事件立場。

換句話說，長大時經歷過的教育和社會經濟環境，以及現時的狀況，會影響到你觀察事物時的三觀。

雖然很多人並不認同馬克思主義，但這的確是科學事實：相同階級的人的三觀在比例上比較相近，相同職業的人的三觀也比較接近，相同文化水平的人的三觀也比較接近。

139. 利益：階級立場的內在含意，是假設了「利益」可以左右一個人的思維。這好比侍應本來覺得 A 客人很討厭，但在買單時，A 客人給了很多小費，侍應對他的態度登時改觀，在他心裏，好像並不是為了錢而改觀：「他只是脾氣暴躁，內心卻是好人。」
中六時，我有一位女同學，參加過女童軍，很會組織聯誼活動，和我的交情很好，但卻常揶揄我的市儈。在畢業後，她去了當導遊，短短不過半年光景，她已是滿口「客人給很少小費，他真是壞人！」
被利益控制思考不是盲點，人人都會這樣，正如有階級立場不是盲點，但是不承認自己有這種想法，正如不承認有階級立場是科學事實，才是盲點。

140. 中立：因為必須有立場，才能思考，因此，在認識或處理問題時，不可能「中立」。
這好比在手機看新聞，事件和我們全無關係，但女權分子看到女性有關的議題，會偏幫，西方社會的人看到了印度的童婚，會認為很噁心，但是印度人卻覺得很正常。這是因為我們的教育和經歷過的事件，構成了我們的三觀，雖然美國也有很多州的婚是合法的。

所以，很多人認為自己對某事的態度是中立，這是思考的盲點，因為中立是不可能的。不過，縱然在三觀上，不可能沒有偏見或傾向，但在很多事件中，卻可以不存在任何利益。例如說，香港人看以色列人和巴勒斯坦人的鬥爭，關我們甚麼鳥事？這可沒有利益可言。

可是，我們的三觀仍然會對事件的雙方有著固有的立場，作出偏見思考。

換言之，可以在利益上中立，但在三觀上不可能中立。

141. 既定立場：既定立場即是預設的前提。不管你怎麼說，有一些基本立場，我是不會改變的。例如說，不管爭辯的過程如何，總之，付錢給我的那位就是對的。

另一個可能是：信基督的就是好人，不信的就是壞人。

正如前面說過，我們在思考時，不能沒有立場。所謂的「既定立場」，只是指這立場我絕對不會改變。例如我認為女兒的男友是個壞人，就是給我一億元，我也不會認為他是好人，就算他捨身救了我的女兒的性命，我也不會改變……

當然，在現實世界，如果這男人給我一億元，或救了我的女兒的性命，我想我肯定會改變立場。在這世上，應該沒有不可改變的「既定立場」，只看究竟要用上多大的力量，方能改變它。

142. 預判結果：「既定立場」和「預判結果」是不同的兩個概念，卻大有關係。你的既定立場不一定是決定了誰是誰非、誰勝誰負，而只是既定了標準：符合該標準的，就是勝方。

有一個有名的段子：兩個女人，一個美貌，一個溫柔，他挑選誰呢？網絡上給的答案是：他挑了大胸的那個。在這個案，大胸就是他的既定標準，也即是既有立場。假設另有一個貪官，在一宗官司中，他決定，哪方付的賄款多，便判哪方勝訴。在這時，他的確有既定立場，但在雙方競價之前，結果尚未出來。

廣義看來，一個法官說我只看證據，誰的證據更充實，我判誰勝訴。這也算是一種「既定立場」，但在他聽取雙方的供詞之前，卻暫未有結果。從這例子，可看出「既定立場」和「預判結果」的分別。

不過，這兩者也有一點相同，就是表面上是完全中立的：我假裝沒有「既定立場」而事實上有，我假裝不會「預判結果」而事實上會。

143. 主觀：縱觀以上，我們可以得出，前提、立場、偏見等等都是思考的必須，那麼，主觀也就是難以避免的事。然而，這並不代表我們不可以指摘某人是「主觀」。

試想想，如果你活在西方社會，同人爭辯，你說你堅信民主價值，這是顛撲不破的真理，你能說這想法是主觀嗎？明顯不可以，皆因在西方的情境，這

價值是無可置疑的。

通常，我們指一個人主觀，實際的意思，是他罔顧了一些事實，或者是違反了邏輯，説出一些可能被簡單的事實推翻了的話，又或是自相矛盾的邏輯，那就是「主觀」了。

所以，一個人説：「我不喜歡黑人。」這其實不算是主觀，因為這只是你的個人感受。但如果他説：「我不喜歡黑人，因他們很多是罪犯。」這就很可能是主觀了，除非你能證明黑人的罪犯比率特別多。

144. 客觀：客觀就是有事實證明的主觀。如果你説：「黑人很多罪犯，美國只有 14% 的黑人，而這 14% 的黑人，則貢獻了美國近 60% 的殺人案。」這就是客觀分析。

作家李敖説的一句名句：「我罵人的方法就是別人都罵人是王八蛋，可我有一個本領，我能證明你是王八蛋。」

注意，客觀所得出的結論未必一定正確，正如主觀的未必一定錯誤。我們見過太多頭頭是道的分析，結果錯得一敗塗地。1950 年，當時是弱國的中國參加朝鮮戰爭，與世上最強的美國對戰，當時的軍事專家根據客觀的分析，沒有一個認為中國可以戰勝，但得出來的戰果是，中國先勝後平手。

145. 直覺：不經思考而得出來的第一個答案，就是「直覺」(intuition)。這其實是根據我們的智力、過往的學

習、人生的經驗，所得出來的快速結論，演化心理學認為，原始人面臨生死決策，往往沒時間去思考，因此必須馬上得出一個最接近的答案，俾使快速判斷，即時行動。

很多生物，例如貓，幾乎都是憑直覺生活，因此其行為頗為不可預測。有人認為，女人在很多時候，也是直覺多於思考，但女人的直覺還蠻靈的。狗是社會生物，很容易憑藉人類的微小行為，從而判斷出誰是人群中的領袖，但是人類卻因太多思考，常常要等到眾人用言語或派名片等等方法去表露身分，又或者是翻查網路信息，才知對方的來歷。

因此，在某些時候，思考越多，直覺能力越低。但這當然並不代表直覺可以代替思考。如果不算成本，思考的準確性始終高於直覺。當我們學會了思考方法，有了這原始人沒有的「工具」，則得出來的準繩度就更高了。

張五常在《思考的方法》一文中，講了「預感」，文中的「預感」與「直覺」同義：

預感是每個重要發現都缺少不了的——從哪裏來沒有一定的規格，有時究竟是什麼也不大清楚。在思考上，預感是一條路的開端——可走多遠，到哪裏去，難以預先知道——但是非試走一下不可的。走這路時邏輯就在路上畫上界線，將可行及不可行的分開。走了第一步，第二步可能較為清楚。好的預感的特徵，就是路可以愈走愈遠，愈走愈清楚，到後來就豁然貫通。「沒出息」的預感的特徵正相反。

其後他引用了另一位經濟學家 Reuben Kessel 的說法：「無論一個預感是怎樣的不成理，它總要比一點意見也沒有為佳。」

146. 直覺標準：博奕論上，有一個叫「直覺標準」(intuitive criterion) 的名詞，用簡單的人話說，就是把複雜的思考都捨棄了，只是用直覺想出了「利益最大」(higher utility levels) 的一方，那就多半是答案了。例子是，一位單身富豪被殺了，最大可能的凶手，必然是他的第一遺產承繼人。

這想法當然並不準確，但卻可省掉很大的思考成本。

147. 趙盾的例子：趙盾也即是「趙宣子」，在晋文公和晋襄公兩朝歷任要職，他是一位好官。他執政二十年，晋襄公死了，遺言是要扶立太子夷皋繼位，可是夷皋的年紀太小，在同文武群臣開會時，趙盾提議改由襄公的弟弟公子雍繼位。最重要的是，公子雍身在秦國，而秦國和晋國向來友好，成語也有云：「秦晋之好」。

如果由在秦國長大的公子雍去當國君，秦國一定很高興。

另一幫人則建議公子樂。公子樂的母親出身低賤，很可能是歌伎，同時是父子兩任國君的妃子，再說，公子樂的形象和名聲也不高。後來，擁護者企圖把公子樂迎回晋國，趙盾索性把一行人全都殺光光，並且著手屠殺其擁護者。

太子夷皋的媽媽一哭二鬧三上吊，鬧個不停，由於夷皋是先君親口所立，最有合法性，因此，最終還是得勝了，成功繼位，是為晉靈公。

趙盾扶立幼君，也有好處，就是可以借機攬權，順便排除異己，絕不手軟。在這之後的十幾年，他權勢滔天，就像國君無異。

當晉靈公長大後，有心和趙盾爭權。他派人暗殺趙盾不遂，趙盾逃出了首都。過幾天，趙盾的弟弟趙穿把晉靈公殺掉。趙盾回到都城，迎立晉襄公的異母弟弟、晉靈公的叔叔為國君，是為晉成公。

現在才講到最有名的事件，就是太史董狐對此事的記載是：「秋七月乙丑，趙盾於桃園，弒其君。」

趙盾大呼冤枉：我沒有殺他呀！董狐的解釋是：「你是大官，國君做錯事，你不去遊說。你跑了不遠，國君死了，你回來不去殺掉逆賊，這等同於你和逆賊是一伙。」

在這事件，董狐的思考方式就是：我雖然沒有證據證明你和逆賊是一伙的，但從種種蛛絲馬跡中，我認定就是你。

148. 鑽牛角尖：中國人把極端的想法叫作「鑽牛角尖」。我在網上找到的解說包括了：「只被事實的某方面所吸引，不能客觀的全盤考慮。／先入為主，自以為是，與現實不符。／固執而欠彈性，不理會其他的想法或意見。／不受控制的重覆思想，不能節制。」

「鑽牛角尖」也即是只設想到極端的狀況，而不作通盤考慮，這自然很不好，但有時，當解決問題時，卻必須用這方式去思考，例如撰寫法律文件，肯定要鉅細無遺，寫出每一個可能發生的狀況，此所以許多合約的文字寫得密密麻麻，誰也不會看，可是一旦出事，這些看似多餘的條款就大派用場了。

「三門問題」，正名是「蒙提霍爾問題」（Monty Hall problem），出自由 Monty Hall 主持的電視節目，《維基百科》的描述：

參賽者會看見三扇門，其中一扇門的裏面有一輛汽車，選中裏面是汽車的那扇門，就可以贏得該輛汽車，另外兩扇門裏面則都是一隻山羊。當參賽者選定了一扇門，主持人會開啟另一扇是山羊的門；並問：「要不要換一扇門？」

很多人下意識都會選擇不換門。然而，根據當時被認為世上最高智商的女人，智商高達 228 的 Marilyn vos Savant 的解答，假如換了門，機會率可提高至 2/3。

要用數學去解釋此事並不容易，但如果把狀況推到極端，則可立時明白：如果把三門變成 1,000 門，你選了 1 號門，然後主持人打開了除了你選的 1 號和 1,000 號之外的 998 扇門。這時，你馬上知道，改選 1,000 號門的中獎率，是 1 號門的 998 倍。

149. 博奕論：剛剛寫到「博奕論」（game theory），這裏約略說一說。它又譯作「賽局理論」，是把已知事實

和它未來發展的可能性首先變成數學，以此作為基礎，從而預測對方會作出的種種可能性，從而評估自己在這「賽局」中的最優策略。

這就像是下棋一樣，你可能要評估對手的下一步，甚至是很多步以後的下法，從而勝過對手。《孫子兵法》也有「多算勝」的類似說法，不過博奕論是把這變成數學，這會有利於推理。

150. 囚犯困境：博奕論是艱深的數學，研究這理論最有名的學者是 John Nash，他得到了諾貝爾經濟學獎，有人把他的生平拍成了電影《A Beautiful Mind》，得到了四項奧斯卡金像獎。我沒能力，也不可能在這本小書解說這課題，不過倒可以略說其中最有名的一項應用：「囚犯困境」(prisoner's dilemma)，畀使讀者管中窺豹。

同一案件，有兩位疑犯，警方沒有足夠證據證明他們有罪，因此分開盤問。兩人同認罪，則同坐牢十年，同不認罪，則同坐牢半年。問題是，如果甲認罪，當控方證人，即是背叛乙，則甲不用坐牢，乙要坐。反之，如乙背叛甲，則乙不用坐牢，而甲坐牢。如果互相背叛，則各坐牢五年。

以總體利益來說，兩人皆不認罪，各坐半年，加起來是一年，利益最大。對自己而言，最佳結果是背叛對方，但前提是對方不背叛。如果對方也採取相同策略，則自己也要坐牢五年，更糟了。最壞是死不認罪，對方卻當控方證人，自己也要坐牢十年。

這推理牽涉到很深的數學，而且還有無數的演化應用，例如說，如果這賽局關係是多次發生，即是多次博奕，又稱為「蜈蚣博奕」，即是對方可參考你的往績去預估你的行為，也可能會報復你，你在每一次應選擇合作，抑或背叛？由於太過複雜，這裏不去深究，表過就算。

151. 邏輯：「邏輯」是一個常被誤用的名詞，它常常被人誤解作「合理性」：「不合理」、「不可能」、「不正確」常被日常語言稱為「不合邏輯」，這用法是錯的。它其實是「有效推論和證明的原則與標準」的學科，與現實生活無關。

    如果你說：「周顯是螞蟻」，這肯定是不正確的論述，但這並非不合邏輯。如果你說：「螞蟻是昆蟲，周顯是螞蟻，因此周顯是昆蟲」，這句子的內容雖然並不正確，但卻符合邏輯。

    如果你說：「周顯是人，周顯懂得寫中文，因此他很喜歡美食。」這三句說的都是事實，但也不符合邏輯。

152. 三段論：邏輯是博大精深的學問，我沒這知識水平去作出教學。這裏只寫出最基本的一項邏輯應用，只是讓大家簡單地明白甚麼是邏輯。這應用就是「三段論」。

    希臘哲人阿里士多德寫出了最經典的「三段論」例子：大前提 1. 人皆會死。小前提 2. 所有希臘人是人。結論 3. 所有希臘人皆會死。

153. 前提：剛才我們提到「前提」（premise）：我們是根據「前提」提供的信息，然後按照邏輯去推理，或作出論證，從而得出結論。

「前提」又分為「大前提」（major premise）和「小前提」（minor premise）。前者是「一般性的原則」，如「人皆會死」，後者則是「特殊陳述」，如「所有希臘人是人」。

我且舉一個例子：1. 蛇會死。2. 人會死。結論 3. 蛇是人。

這絕對是謬誤的推理，皆因 1 和 2 都是一般陳述，即都是大前提，推理不出結論 3。

不過，如果大前提是：1. 蛇會死。小前提是：2. 人是蛇。則可得出結論：3. 人會死。先不去其內容是否錯了，單單就推理本身，卻是正確的。

再用前文講過的兒子激死有心臟病的例子：大前提是父親有心臟病，小前提是兒子欠下巨額賭債，刺激了父親。結局是父親死了。這其中的關係並沒有邏輯上的必然性，皆因兒子欠下賭債不一定會激死有心臟病的父親，這只是偶發事件。不過，我們仍然可以把這其中的關係套成邏輯，用邏輯來思考此事，皆因邏輯無不包，也可用來思考偶發事件。

154. 謬誤：「謬誤」指的是錯誤的思維方式，或錯誤的論證。哲學家李天命在《李天命的思考藝術》中，把「謬誤」分類成為四種：

一，不一致：主張的命題（前提或無前提的結論）

自相矛盾或自我推翻。二，不相干：前提與結論無
關，無論前提是否成立，都無法推理出結論。三，
不充分：前提與結論有關，但前提無法充分支持結
論。四，不當預設：把不應視為理所當然的前提視
為理所當然。

在上一節講的「蛇是人」就是「不相干」，而前文
說過的對前提的「假設」，假如這「假設」是錯
的，則就是犯上了「不當預設的謬誤」（fallacies of
inappropriate presumption），這名詞在前文已經講過。

155. 形式謬誤與非形式謬誤：謬誤的可能性實在太多，
如要細分，不能盡錄，很多人甚至任意自己發明一
個出來，前文講過，李天命清醒地把不同謬誤歸納
成為四大類，是很有效的分類。在邏輯學上，另有
兩個最基本分類，是「形式謬誤」和「非形式謬誤」。
「形式謬誤」（formal fallacies）即是推理錯了，換言
之，這是邏輯上的錯誤。

所有不是「形式謬誤」的謬誤，都是「非形式謬誤」
（informal fallacies），例如說，後文會講過「以偏蓋
全」，以及「以全蓋偏」等等，都是「非形式謬誤」。

156. 訴諸人身：「訴諸人身」（ad hominem），即是爭辯
時不提對方的論點，而是只針對其個人，也即是「對
人不對事」。

根據《維基百科》的說法：「指藉由與當前論題無
關之個人特質，如人格、動機、態度、地位、階級

或處境等，作為駁斥對方或支持己方論證的理據。」這是常見的作法，看起來好像不是好事。然而，在現實世界，有知識和思辯水平去思考論據的人並不多，縱是有，該人也未必有空去研究相關課題，因此，他們有必要「訴諸權威」，畢竟，權威對的機會，很可能更高於自己的判斷。

有時候，你不認識該方面的權威，也會訴諸名人，或有成就的人，皆因該人比你更有名、身分地位比你高，因此他是正確的機會也比較高。此所以明星拍廣告，明明他只是藝能界，人們也會相信他銷售衣服、食品、藥物、電器、銀行、手機、電訊商等等商業產品，甚至是政治站台，也有幫助，正是因為「訴諸名人」。

另一方面，我們也可以「訴諸群眾」：總之大部分人以為是正確的，很大程度也會正確。中國在文化大革命時，又或者是西方社會流行的示威遊行，統統的本質就是「訴諸群眾」。

在本節的最後，我且引用倪匡寫的一篇《是你的朋友，不會為你主持公道》來作結尾：

若干年前，有一位至交好友黃夜來電：報上有人因為什麼什麼事攻擊我，請你主持公道！

一聽之下，我火冒三丈。冒火，不是為了朋友受人攻擊，而是朋友居然要我主持公道，這分明是不把我當朋友。

主持公道的大有人在，法官可以主持公道，警察可以主持公道，陌生人也可以主持公道，何必來找朋

友？

如果是你真正的朋友，當你與任何人、任何勢力，在任何情形之下起了衝突之際，他會幫助你，但是絕不是主持公道式的幫助。

當時斥曰：「我是你的朋友，不會替你主持公道，只會幫你。你要幫助，找朋友！要主持公道，另請高明。我和你是朋友，你不對我也要說成對，死的也要說成活的，對方再有道理也要批臭鬥臭，這才是朋友，明白了嗎？」

朋友唯唯受教，不敢再請我主持公道。

朋友是一種十分重要的人際關係，感情好起來，可以超過血緣關係。這樣重要的一種關係，若是和陌生人也可做到的主持公道放在一起，那是對「朋友」一詞的大大侮辱，萬萬不可！

157. 人身攻擊：相反的操作，則是「人身攻擊」，例如用粗言穢語去痛罵，或者是扣帽子，這在政治鬥爭中尤其普遍：揭發對手品行不端，私生活不檢點，往往連帶令到別人覺得該人在其他方面的操守也大有問題。

一般來說，當講道理落於下風時，就會使用人身攻擊，這正如赤手空拳打不過對方，常用的招數是升級，抄兵器。因此，在人身攻擊之後，罵不過對方的一方則更會升級，動手打架了。至於你應如何應對，則看你當時判斷能否打勝對方。

這就是馬克思所說的那名句：「批判的武器當然不

能代替武器的批判。」因此也可以說，學習思考方法不如學習武功，又或者努力賺錢，皆因道理永遠在有（金）權力，和拳力的一方。

158. 前提錯而結論對：請注意，邏輯只處理推理過程，並不決定前提和結論的對錯。假如前提對，推論過程也對，則結論肯定也是對的。可是，前提錯了，推論也錯了，又或者是，前提對了，推論錯了，則不排除結論踫巧對了，這好比亂扔飛鏢，也有扔中的可能性。

這其實在我們的生命中，以及周圍的人，常常會有類似的思維方式。例如大前提1：狗屎會帶給人好運。小前提2：我踩了狗屎。結論3：所以我今天打麻雀贏錢。這就是錯誤前提，正確結論。

再用回前述的例子：大前提是：1.蛇會死。小前提是：2.人是蛇。則可得出結論：3.人會死。我們當然知道，蛇不是人，就是《白蛇傳》中可以幻化成人的蛇妖，也不是人。很明顯，小前提是錯的，不過，這並不妨礙結論居然正確。

159. 符號邏輯：「符號邏輯」（symbol logic）的發明，是因為用文字來作推理工具，並不精確，因此人們把文字的內容變成符號，以便於推理。

這好比「兩個蘋果加兩個蘋果等於四個蘋果」，可以符號化為「2+2=4」，非但容易理解，而且在學過數學的「專業人士」的眼中，數字比文字更

容易推理。

最簡單的符號邏輯例子，就是：[(p⊃q) (q⊃r)]⊃(p⊃r)。「⊃」意指「如……則」(if......then)，「p⊃q」即是「如p則q」如果套成文字，暫且假設是「如果是人，則會老。」又如果把「q⊃r」假設為「如果老，則會死」。從這兩個前提均同時存在，因此可得出結論：「人會死。」如果用符號邏輯去解剛才引用了多次的「蛇、人、死」例子，就可更明白箇中奧妙。

我且把「蛇會死」也寫作 (p⊃q)，這即是說「蛇」是「p」，「死」是「q」。如果把「人」寫作「r」，那麼，「人會死」並非前面的「q⊃r」，而是「r⊃q」。

因此，全式應是：(p⊃q) (r⊃q)，而不是 (p⊃q) (q⊃r)。故而得不出「p⊃r」，即「蛇是人」的結論。

這例子很好地證明了，用符號邏輯去做推理，會比用文字更加清楚明瞭，不過你當然要先學會所有符號的用法。

160. 演繹法：「演繹法」(deductive reasoning)就是根據前提，用邏輯推理出結論。

因此，只要前提沒錯，推理出來的結論，必然也是正確的。

這用最簡單的邏輯符號，是「A → B」，即「如果 A 為真，那麼 B 亦為真」。

但注意，正如前面也講過，錯誤前提也可能因踫巧而導致正確結論。

所有數學都是演繹法。

161. 歸納法:「歸納法」(inductive reasoning) 是基於對個別現象的反覆出現,從而總結其規律,以及作出解釋。

所有的自然現象,我們都是藉著觀察,以歸納出定律。在物理學,我們寫下其數據,然後歸納出其計算的方程式,如牛頓的萬有引力公式,就是觀察了大量天文數據而得出來。又或者是在生物學,藉著觀察生物的行為,從而歸納出相關的生物學理論,例如演化模式。

前文講的「抽象名詞」,是基於「歸納法」,例如把所有某種行為統稱為「自私」,某些相像的生物一律歸納為「雞」。所有生物學的分類皆出自「歸納法」。

智力測試的圖形推理,則是先基於「歸納法」:把圖形的規律歸納成為定律。然後,再從歸納出來的定律,演繹出答案。換言之,是兩種方法的混合。在科學世界,也必須是兩種方法的混用:先把數據歸納出定律,從定律中再演繹出不同的應用,例如愛因斯坦的相對論,就是如此。

或許我們可以用一個更容易理解的說法:數學是基於演繹法,物理學是基於「歸納法」。

162. 羅素的雞:演繹法是只要前提沒錯,結論必然也是正確。但歸納法則無論作出了多少觀察,也有可能是錯的。正如人類觀察過無數的北極熊,從而歸納「北極熊是白色」這結論,但也不排除有一天,忽

然發現了有其他顏色的北極熊，只是先前我們尚未踫見吧了。

關於歸納法的可能錯誤，最膾炙人口的例子是羅素在《The Problems of Philosophy》講的故事：「日日餵雞的男人最終扭斷了牠的脖子。」(The man who has fed the chicken every day throughout its life at last wrings its neck instead, showing that more refined views as to the uniformity of nature would have been useful to the chicken.)

163. 其然及其所以然：諺語有説「知其然而不知其所以然」，「羅素的雞」之所以犯上這個要命的錯誤，皆因牠們不明白得到食物的「終極原因」。換言之，我們要想完全地理解一件事，必須明白其「所以然」，這好比其賽車手除了駕駛技巧，最好懂得汽車構造，拳手除了搏擊技巧，最好懂得力學和人體構造，認識「其所以然」，才算是真正理解了該事物。

在房地產市場，炒家往往連續多年，因炒樓而賺了很多錢，在他們的心目中，只要持之以恆地依著成功經驗的炒賣，則樓價最多只會下跌兩年，便會重拾升軌。

實則樓價受到供應、利率、經濟增長率、政治等等多項因素所影響，而個人經驗也有限制：通常只限於一個城市之內，時間軸通常十多二十年，而沒有參考古今中外的不同市場、幾千年的炒房歷史，則他不可能察知其「所以然」。這導致的結果就是：

十幾年來一直沒錯的成功方程式，不知何解，忽然行不通了。

另一個例子就是一度是美國首富的資深投資者巴菲特發明的「價值投資法」。很多人不知其內涵而作出仿效，結果只獲得短暫成功，長線下來，則是失敗收場。2021 年 4 月 26 日，59 歲的著名價值投資 Charles de Vaulx 從曼哈頓一幢大樓的十層縱身躍下。2023 年 9 月 28 日，38 歲的中國價值投資者關善祥也自殺了。同時，巴菲特卻照樣在市場賺大錢，正是因為這兩位對於價值投資法不明「其所以然」，卻來東施效顰。

164. 證明：説「證明」，本應放在「不證自明」之前，可是因為這涉及一些放在「不證自明」條之後基本知識，因此只能放在這裏。

在數理邏輯和在數學上，「證明」有著嚴格的定義。《維基百科》的「數學證明」（mathematical proof）説它「是在一個特定的公理系統中，根據一定的規則或標準，由公理和定理推導出某些命題的過程。比起證據，數學證明一般依靠演繹推理，而不是依靠自然歸納和經驗性的理據。這樣推導出來的命題也叫做該系統中的定理。」

因此，邏輯或數學上的「證明」，得出是 100% 正確的答案。但是在現實生活的思考，我們並不需要如此精確的去「證明」某件事。在法庭上，可能只有不足 99% 甚至更少的「證據」，已可「證明」某位

疑犯是否有罪。在日常生活上，可能只是七、八成的可能性，已可「證明」某事，例如銀行開戶要求出示的「身分證明文件」，往往是假的，也可蒙混到其職員。

因此，我們在日常生活中，為了省減思考的成本，也可能是為了提高決策恖效率，也會採用「歸納法」，甚至是更不嚴謹的「舉例」，甚至只是使用「直覺」，去簡單地「證明」某件事。這最普遍的，也許是妻子仗此來「證明」丈夫是否偷腥，據說準確性也蠻高的。

165. 推理：「推理」（reasoning）是「從已知得出未知的思維過程」，最主要的工具，是「演繹法」和「歸納法」，但也有用其他的方法，例如「類比」。

這個名詞之所以成為日常用語，皆因大約一百年前，作家們發明「推理小説」（detective fiction）。

這是了一種推理方式解開故事謎題的小説類型，最初的主題是偵探，例如偵破謀殺案，後來延伸到犯罪、恐怖等等。

説穿了，本質只是懸疑，許多故事的推理過程並不一定符合邏輯形式。

廣義地説，例如説，中國的《七俠五義》、《施公案》《彭公案》等等，屬於這類型，以及日本作家東野圭吾寫的《解憂雜貨店》（ナミヤ雑貨店の奇蹟），由於這部小説分別在日本和中國改拍成電影，我相信讀者應聽過這名字。

166. 溯因推理：「溯因推理」（abductive reasoning）即是從結果推論出原因，例如見到地上濕了，推理出剛下過雨。偵探小說的故事，推理出誰是凶手，也是一種「溯因推理」。

這是我們常常使用的推理方式，日常生活中少不免會用到，雖然，這是逆推，得出來的答案並非絕對準確。

167. 以偏概全：如果歸納法用得不好，又或者是個案不足而強作歸納，則往往導致「以偏概全」（hasty generalization）的謬誤。

很多很多年前，有人去了一趟北京，對我說：「北京的小食好吃，但高級餐廳都很難吃。」我問她，究竟去過幾間高級餐廳吃飯，原來她只去過了一間，而且還不是最有名，或最高級的，卻居然得出了這答案，當然是以偏蓋全了。

查實我們日常生活經驗得出的心得，都脫離不了「以偏蓋全」，也即是前文講過的「偏見」。要想把這錯誤減至最低，方法就是獲得更多的統計數據，例如說，如果這個人在北京吃了三百間餐廳，有高級的，也有小吃，則我們就認為她所說的不是「以偏蓋全」了。

說穿了，「以偏蓋全」就是因統計數據不足，以及統計時採樣方法的不科學，因而導致的錯誤。但在現實生活中，我們常常會採用「以偏蓋全」的方式，來作思考，皆因編集數據需要成本，以至於嚴格地

執行採樣步驟，也太麻煩，除非是重大決策，否則「以偏蓋全」反而是成本效益最高的思考方式。

這正如你去過北京好幾次，有人問北京的餐廳好不好吃，大部分人不會說：「我去過的餐廳不多，不可就此發表意見。」反而只是憑著極少數目的個人經驗，給出一個印象式的答案。

再者，除非是專業食評人，普通人亦不會為了獲得更多的「樣本經驗」，去嘗試越多越好的餐廳。1998年在新加坡，2006年在西安，我曾經試過一天到10間不同的餐廳，連續幾天，這一生人也只試過這兩次而已。

《淮南子・說山》說過：「嘗一臠肉，知一鑊之味；懸羽與炭，而知燥溼之氣：以小明大。見一葉落，而知歲之將暮；睹瓶中之冰，而知天下之寒：以近論遠。」這就是「一葉知秋」的典故，而這正是使用「以偏蓋全」的思考方式。

168. 以全蓋偏：既然有「以偏蓋全」，就有「以全蓋偏」。最容易犯上「以全蓋偏」的，就是統計學：離婚率前三名為葡萄牙、西班牙和盧森堡，分別為94％、85％和79％。如果有一個女人來自葡萄牙，你認為她必然是失婚了，這就是「以全蓋偏」。

我再說一遍：在思考的過程中，偏見是難免的，這是人的基因為了減少思考的成本。「以全蓋偏」就是常見的思考錯誤，我們並非絕對不犯這錯誤，而是至少可知這是一個錯誤，在嚴謹思考時，例如在

公開演講時，就千萬別犯，然而和朋友酒酣耳熱，亂來吹牛，則怎說也不妨。

169. 分割謬誤：「分割謬誤」（division fallacy）指的是把整體分割了，認為部分的本質也會相同於整體。這好比說，一個人可以抬起 40 公斤，把一個人分成了四份，究竟 1/4 個人可不可以抬起 10 公斤呢？
說穿了，這是一種「以全蓋偏」，但卻與統計學無關。然而，我們必須注意，「分割」不一定構成謬誤，也可以是正確的，只是它「可能」會造成謬誤而已。例如說，10 個人可抬起 400 公斤，一個人的確可以起 40 公斤，這「分割」就是正確的。

170. 合成謬誤：既有「分割謬誤」，就有「合成謬誤」（fallacy of composition），前者是「以全概偏」的一種，後者則是「以偏蓋全」的一種。簡單點說，所謂的「合成謬誤」，就是誤以為「既然局部是對的，那麼整體也是對的」。
這好比認為一個人五官分別很漂亮，則樣子整體必然也很漂亮，這當然很有可能，但也不排除合得很別扭，局部勝於整體。一篇文章，每一句子均是正確，並不代表合起來的結論也是正確。

171. 偶例謬誤：另外一個「以全蓋偏」的可能性，是「偶例謬誤」（destroying the exception），例子是：「鳥會飛，駝鳥是鳥，所以駝鳥會飛。」

這謬誤發生的原因，是「全」不夠全，即是「鳥會飛」這句話，並不是100%準確，而是有著一些例外。在生物學的定義和分類，並不包括「會飛」的能力。《維基百科》的說法，說它「是鳥綱動物的通稱，是唯一存活並演化至今的恐龍，其全體成員均為兩足、恆溫、卵生、身披羽毛且色彩鮮艷各異、前肢特化成翅膀、具有堅硬的喙，多數可飛行，小部分純陸生或水生，骨骼中空輕盈並有強力肌肉附著，以及唯一能使用氣囊行雙重呼吸的動物。」

這是把日常語言當作是科學上的放諸四海皆準的正確性，便會忽略了其例外性。

172. 逆偶例謬誤：反過來，「逆偶例謬誤」（converse accident）則是「例外凌駕通則」。

例如說，醫院可以用瑪啡來醫治病人，因此我們也可使用瑪啡。這在中國諺語，有一個說法，叫「一竹篙打死一船人」，也可以說是「以偏蓋全」的一種。

173. 有得必有失：有一個人類常犯的思考盲點，就是世上沒有完美，有得必有失。鷹飛撲下擊的力量極其強大，可是我看過視頻，一旦牠落在地上，和雞纏鬥，打不過一頭公雞，也無法著力飛上半天。獅子戰力強橫，但消耗能量大，吃得多，不易生存。

1979年，中國改革開放之前，雖然貧窮，卻撲滅了性病。改革開放之後，錢賺到了，但是自由社會的

種種弊端，包括性病在內，也跟了進來。這是否不可避免？是的，從古以來，西方即有「文明是梅毒」(civilization is syphilization) 的説法。

南宋時，有一位官員，叫「葉適」，他在《法度總論二》寫：「昔人之所以得天下也，必有以得之。失天下也，亦必有以失之。得失不相待而行，是故不矯失以為得。何也？蓋必有其真得天下之理，不俟乎矯失而後得之也；矯失以為得，則必喪其得。」《今日頭條》的博主「知行合一文摘」在 2023 年 12 月 24 日發表了一篇博文：商朝紂王把軍隊拉出去開疆拓土了，結果國都空虛被周武王偷家，滅國。

周朝看到紂王的下場，決定守家自己來，開疆拓土諸侯去。結果諸侯坐大，滅國。秦朝看到商朝跟周朝的下場，想了想説，都是諸侯的錯，咱不分封了還哪來的諸侯造反？於是秦朝開疆拓土用「流官」，也就是郡縣制。結果這些「流官」沒有與帝國同存亡的覺悟，一點兒都不「忠誠」，項羽劉邦一來就光速投降，甚至還沒來就提前投降，換個主子繼續當「流官」。於是秦朝也滅了。

漢朝劉邦看到商朝周朝＋秦朝的下場，總結經驗，認為還是有必要分封諸侯，但這個諸侯不能是外人必須是自己親兒子。心説親兒子忠誠度杠杠的而且就算造反也是肉爛到鍋大漢朝不會亡。於是給兒子封王，還專門讓大家發誓「非劉不封王」。結果「七國之亂」又鬧騰一通。

到漢武帝想了想，算了咱還是搞秦朝的郡縣制吧。

以前郡縣制的流官不跟咱一條心那是因為都是外人沒有歸屬感，那麼只要咱把匈奴滅了，順便讓儒家宣傳造神，這歸屬感不就有了？

然後官員確實有歸屬感了，卻沒注意有外戚內鬼。這個內鬼就是王莽，篡了孫女婿的位，西漢滅亡。

到東漢，小皇帝也不知道該信誰了。諸侯信不過宣員信不過外戚也信不過相信不過，官員信不過，外戚也信不過。想來想去太監沒根兒最不可能造反，就信太監。結果被太監滅亡。

到兩晉南北朝包括隋唐，開始探索新道路，這屬於過渡期就不多説了。如果非要説就會變成《論皇帝的花樣死法》。到宋朝，吸取了以前所有朝代滅亡的教訓。首先，軍隊集中到首都防偷家。其次，大規模科舉選士挑動平民跟世家互鬥，以便防內鬼。再次，太監後宮不得干政。最後，打壓武人防止地方上的武裝力量造反。

宋朝吸取了前代所有滅亡的教訓，做了所有自認為「正確的事情」，以為可以高枕無憂了。結果，被外族給滅了。元朝也不説了，説明朝。

明朝再次吸取了以前所有朝代滅亡的教訓，這次又重點加了個防外族，為此還專門搞了個「天子守國門」，把首都建到了邊防站，實現了既防外族又看家的二合一。結果後院起火被李自成的農民起義給滅了。

清朝再再次吸取了以前所有朝代滅亡的教訓，這次的效果前所未有的好，連農民起義也沒鬧出什麼么

蝨子。結果鴉片戰爭一來，被天頂星降維打擊。於是，這些「豐富的經驗教訓」傳到我們這代，又增加了一條：「落後就要挨打」。

174. 歸謬法：「歸謬法」的英文是「reductio ad absurdum」，從「absurdum」這個字來看，這個「謬」字指的不是「謬誤」，而是「荒謬」。

這種方法，是先假設對方的前提是正確的，然後順著這前提推論／演繹下去，終於得出非常荒謬的的結論，從而去證明對方是錯的。

有關「歸謬法」，有一個中國人說的故事：「校長開會時對老師說：沒有教不好的學生，只有不會教的老師。一位體育老師回答：所以你認為孫海平可以把隨便誰都教成劉翔嗎？」

我們也得注意：幾乎任何命題，除非是「阿媽是女人」，或「1+1=2」這些基本論述，只要推到極端，都會變得可笑、荒謬。這即是說，如果要在人類日常的爭辯中，活用歸謬法，最好只限於簡單的幾步推理，否則如要深究下去，恐怕會得出世上每事皆荒謬，而結果將是：雖然你會覺得自己是「眾人皆醉我獨醒」的天才，但是人人均當你是瘋子，該關進精神病院。

175. 反證法：「反證法」（proof by contradiction）和「歸謬法」是使用相同的方法，不過得出的結論不是很荒謬，而是與其前提自相矛盾，因此也可以從此來

證明其前提並不成立。

但這正如上一節的結論，把現實生活中的命題推到極端，也往往難免自相矛盾，這就像數學家歌德爾發現美國憲法有自相矛盾之處，因而差點不肯宣誓入籍，人們也常常引用希特勒利用民主途徑取得政權後再推翻民主，以圖證明民主理論自相矛盾。

所以，除非是很明顯的幾步推理，就能得出「反證」，否則不宜使用這方法，否則也會令你變成瘋子。

176. 分析語句：「分析語句」(analytical statement) 是邏輯術語，意即其是否真實，只依賴於其自身語義結構的語句用語，用不著與現實拉上關係。換言之，它只涉及邏輯，與現實無關。

這其中最常被使用的例子，就是「單身漢都是王老五」：我們單看句子本身，已知它是對的，用不著去找出每一個單身漢，檢測他究竟是不是王老五。

自相矛盾的句子，例如「昨天三時正，在香港的銅鑼灣，既下雨也沒下雨」這句話，我們並不用任何的檢證，就可知必然是錯的。

有人會問：「昨天三時正，在香港的銅鑼灣，只下了一滴雨」，這究竟是不是同時「既下雨也沒下雨」呢？

這其實是定義問題，只要決定了「下雨」的定義，則馬上可知答案了。

補充：由於「分析語句」只看句子本身，不用在現

實世界驗證，因此它是「先驗」(a priori) 的。《維基百科》的定義是：「因它所表達的內容僅根據理性便可得出。」

注意，在哲學世界，還有一些被認為是「先驗」的，例如上帝的存在，但這也與本書的主題無關，不論。還有，所有的數學都是分析語句。

177. 綜合語句：「綜合語句」(synthetic statement) 是「分析語句」的相對。它是「後驗」(a posteriori) 的，換言之，它究竟是真是假，必須依靠人類的經驗去作出檢證，因此又稱為「經驗語句」(empirical sentence)。

例如說，「周顯不是王老五」，「昨天三時正，在香港的銅鑼灣下了一場大雨」，又或是「曹操是個太監」，這些都是綜合語句，得在現實世界中，去檢證它是真是假。

「後驗」(a posteriori) 是「綜合語句」的另一說法。《維基百科》的定義是：「它所表達的內容不能僅根據理性得出。」換言之，「後驗知識」必須憑藉觀察現實世界而得出。

178. 析合區分：所謂的「析合區分」(analytic‐synthetic distinction)，即是分辨出一個命題究竟是分析語句，抑或是綜合語句，這是非常重要的概念，可以極大地幫助到我們的思考。

近代有哲學家認為，這兩者之間的界線並不明顯，

例如邏輯學家奎因在 1951 年的一篇經典論文指出：所有的真相都有其綜合性，不會純是分析語句。但以我們的程度，可不用管這些鑽牛角尖的思辯。

179. 全稱命題與定義：有人説：「所有男人都好色。」這句話是「全稱命題」。可這全稱命題是一「綜合語句」，證諸現實世界，並不一定正確。我可能回答你：「你錯了，我周顯，是個正人君子，絕不好色。」按：這只是一個例子，好作説明，並不保證例子所講的是事實，也無此需要。

誰知你的回答是：「哦，你居然不好色，那你就不能算是男人了。」

在這裏，他是把好色 = 男人，即是把「全稱命題」變成了定義，也可以説是把「綜合語句」變成了「分析語句」，總之，這是從「可能會錯」變成了「絕不會錯」。

180. 逆斷：「三段論」的推理方式稱為「正斷法」（modus pollens），如果反過來推理，則叫「逆斷法」（modus tollens）。

我在網上找到了兩個例子。

一是：1. 假如他喝了酒，就會臉紅。2. 他沒臉紅。結論 3. 他沒喝酒。

二是：1. 假如他考試合格，就能升讀副學士。2. 他不能升讀副學士。結論 3. 他考試不合格。

注意逆斷法的使用。他喝了酒會臉紅，但他臉紅並

不一定是喝了酒，可以是很多原因。他考試合格就可升讀副學士，但他升讀副學士可未必是因為考試合格，就我所知，有人事關係，縱然不合格，也可升讀副學士。這好比「所有妓女都是人」，但這不能「逆斷」為「所有人都是妓女」。

本節本應是在講三段論時講的，但想深一層，「喝了酒就會臉紅」，「考試合格就能升讀」，這兩者之所以可以逆斷，皆因它們都是全稱命題，因此，我必須在講了全稱命題之後，才去講逆斷法。

181. 矛盾律（law of contradiction）：從綜合語句的角度看，甚麼都有可能發生，例如說，你不排除世上真有一頭會飛的豬，甚至是「飛天意粉怪獸」，也不排除有有此物。所謂的「矛盾」，即是互相排斥、不可並存，即是「昨天三時正，在香港的銅鑼灣，既下雨也沒下雨」在邏輯上，只存在於分析語句，即是同時存在「P 和非 P」，符號寫作「P ∧ ￢P」：「∧」是「和」(and)，「￢」則是「非」(not)。

如果在一句子中，有著矛盾，這叫「自相矛盾」。如果矛盾是在兩句子中，例如我說：「昨天三時正，在香港的銅鑼灣，有下雨。」你則說：「昨天三時正，在香港的銅鑼灣，沒下雨。」在這情況下，我倆的說法就是「互相矛盾」。

分析語句的對錯，只能訴諸經驗與常識，但你有時真的無法絕對證實世上究竟有沒有飛天意粉怪獸。然而，分析語句中的「矛盾」，卻是可以絕對證錯，

或絕對證對，因此這是找出對方的破綻的有效工具。

不過，如果踫上不懂邏輯的人，則怎説也無用。

關於矛盾，有一些流行的爭辯，例如全能的上帝能不能自相矛盾，諸如祂能不能造出一塊祂舉不起的石頭，諸如此類。幸好本書是一本普及書籍，用不著去深入討論這些深奧的哲學問題。

182. 排中律：「排中律」就是「矛盾律」相反，它是必然正確，例子就是「昨天三時正，在香港的銅鑼灣，要不是有下雨就是沒下雨。」

這在符號邏輯，寫作「P ∧ ⌐P」，指的是「或」(or)。

183. 二分法：「二分法」（dichotomy）指的是將一個整體事物分割成兩部分，所有事物必須屬於雙方中的一方，而且互相排斥，即沒有事物可以屬於雙方。換言之，兩者是互相矛盾的。

然而，理論上，只有邏輯上的「P 和非 P」才是完全的二分，在現實中，這不能做到。

有一個常被問的問題：「人性本善還是本惡？」記著，「善」和「惡」並非矛盾的詞語。「P ∧ ⌐P」，即「善和非善」、「惡和非惡」才是矛盾。一個人可以捐款變慈善機構，大做善事，同時殺人放火，惡事多為，這兩者互不排斥。現實是，這樣做的大有人在。

又以性別來説明，如果只分作「男人與非男人」，或「女人與非女人」，就是邏輯定義上的二分。然

而，如果分作「男人和女人」，則這二者之間，有著太多的可能性，現時的「LBGTQ」運動，已分出了過百種性別。就是「男人與非男人」，在這兩者之間，也要作出嚴格的定義，例如說，太監或天閹，究竟算不算男人？

以上因「二分法」而造成的謬誤，稱為「假兩難」（false dilemma），或「非黑則白」（black-or-white），例如說：「不是朋友，就是敵人。」

總而言之，二分法是最簡單，成本也最低的分類方式，但卻絕不準確，有時更會構成謬誤。不過這也有著大好處，畢竟，頭腦簡單的人多，思想複雜的人少，二分法正好迎合了大部分人的需要。

184. 巴斯葛賭注：巴斯葛是十七世紀的法國哲學家，其大作是在其死後出版的《思想錄》。這本書的第 233 節，說出了有名的「巴斯葛賭注」(Pascal's wager)：「理性的個人應該相信上帝存在，並依此生活。因為若相信上帝，而上帝事實上不存在，人蒙受的損失不大；而若不相信上帝，但上帝存在，人就要遭受無限大的痛苦。」

這想法是錯誤的「二分法」，皆因他指的「上帝」，只限於基督教的耶和華 + 耶穌基督。假設「神」存在但這神並非耶和華，而是中國玉皇大帝，或是古波斯的瑣羅阿斯德，才是世上唯一的真神，又或者是猶太教，有耶和華而耶耶穌不是基督，即不是救世主，這倒霉可比沒有耶和華也好不了多少。

換言之，「二分法」的基礎，是肯定這「二分」必然是「二分」，沒有其他選項，否則，這錯誤就很嚴重了。

185. 三、四或更多分：我們都知道，電腦是「二進制」，這也是一種「二分法」。但在數學上，還有三、四、五、六、七以至更高的「進制」，例如英呎，就是「十二進制」，而中國的斤兩，則是「十六進制」。所以，除了「二分法」之外，還有「三分法」、「四分法」、「五分法」……以至無限。不同的分法，我們在回答多項選擇題時，應十分熟悉，大約是有四至五個選項，必然有其一是對的。

有時候，選項太多，別説是「五分」，就算是「五十分」也列舉不出所有的選項，例如在今時今日，性別除了男女之外，據説還有超過一百選項。這時，我們可以用「以上皆非」，或「其他」，以窮盡所有的可能性，就萬無一失了。

186. 命題：哲學上「命題」(proposition) 的定義十分複雜，或許可以簡單地描述：它是可以判斷為真或假的句子。例如林敏聰在電視節目《開心無敵掌門人》中玩「超級無敵馬拉松」中説的那句 48 字的名句：「蘇格蘭場非工業用國際線路自動溶雪十六嘩佬風油太垂直升降大包圍連雷射彩色洗衣乾衣腐蝕性氣墊毛筆一枝」，便不是命題。

187. 偽命題：以前，只有哲學世界才會用到「偽命題」

這專業名詞，但現在日常生活也常見了，也許是哲學知識的普及化吧。

偽命題指的是「不真實的命題」：一是與已知事實不符，如「周顯很英俊」。二是不符合已知的科學知識，如「太陽是衛星」。三是根本沒有任何具體意義，如林敏聰的 48 字名句。

如果判斷它是「偽命題」，即是必然是錯，或是沒有意義，那麼，亦無謂再去花時間在它的身上，這正如我們用不著去研究自己的母親究竟是否處女。

我讀明史，得出朱允汶早已被他的叔叔朱棣殺掉，後來朱棣當上皇帝後，派人到處尋找朱允汶，只是為了撇清自己沒殺掉侄兒，裝出的一齣戲吧了。我這個判斷可能對，可能錯，假設我是錯的，這句話是不是「偽命題呢」？

「偽命題」指的是「明顯的錯誤」，但就「朱棣究竟有沒殺掉朱允汶」，這是必須經過一番專業的研究，才能得出結論，所以，這不算是「偽命題」。

188. 問題：究竟甚麼是「問題」，表面上，小孩子也知道，但實際上，普通人並不確切地理解也不正確使用這名詞。

一天，物理學家狄拉克去大學演講。完後，一個觀眾站起來說：「狄拉克教授，我不明白你那個公式是如何推導出來的。」

狄拉克沉默。主持人提醒他還沒回答問題。

「回答什麼問題？」狄拉克奇怪地說，「他剛剛說

的是一個陳述句，不是一個疑問句。」

很多時，懂得發問，已等於得到答案的一半。張五常在《思考的方法》一文說過經濟學家佛利民的故事：

你問他一個問題，他喜歡這樣回答：「且讓我改一下你的問題。」（Let me rephrase your question.）他一改，就直達你要問的重心，十分清楚。我們凡夫俗子的仿效方法，就是要試將一個問題用幾種形式去發問，務求達到重點的所在。舉一個例子。當佛利民解釋某法國學者的貨幣理論時，我問：「他的主旨是否若時間長而事情不變，人們就覺得沉悶？」佛利民答：「你是要問，是否時間愈多，時間在邊際上的價值就愈少？」這一改，就直達經濟學上的「替換代價下降」（Diminishing Marginal Rate of Substitution）定律；他無需答我，答案已浮現出來了！

189. 問題有問題：有時候，問題本身就是錯了，因此無法回答。例如問：「狗和彩虹那一個更符合相對論？」

另一個「問題有問題」的狀況，是其定義不清，例如問：「兩條不相交的直線就是平行線嗎？」這是因沒有說清大前提：究竟這兩條直線是否處於平面？在平面，它們是平行，但在非平面，它們不是。

190. 問非所答：中文成語有說「問非所答」，或「答非所問」，說明了答案未必一定回應問題。政客被問

及一些無法回答的尷尬問題，往往顧左言他，説一大堆無關主題的話，當作是回答了，這是政治上慣見的伎倆。

李天命説過的一個作法：你問某人某問題，他回答説：「你這個問題，令我聯想起一樁事。」於是，他把這件被聯想出來的事滔滔不絕的説了十多分鐘，然後卻未回答該問題，而發問的和聽説話的都忘記了原來的問題，因此他也成功的逃避了回答該問題。

所以，大家要做的，是無論對方兜到多遠，永遠記得整條問題，更要注意他有沒有回答。當你靜靜的聽完那十多分鐘的話，禮貌地把問題再發問一次。

191. 正確問題錯誤答案：提出正確問題的人，不一定掌握到正確的答案，但人們常有這錯覺，尤其是在政治世界。

以 1900 年前後的中國為例子，當時很多人正確地指出，腐朽的滿清政府就是國家積弱的根源，但究竟應用甚麼方法，才能夠令到國家富強呢？有人提出維持原來政權，作出政經改革，已然足夠，是為之「保皇黨」，有人則提出要推翻政權，成立共和國，是為之「革命黨」。其後的結果是，這兩幫人均無法令到改革中國，反而是在其後的半個世紀，國家變得越來越衰弱。

192. 文不對題：高級程度會考的文科生都知道，記誦的

內容都是那一大堆，最重要的，是要懂得使用相同的內容，去回答不同的題目，例如問的是「法國大革命的本質」，你不能單純地把其起因搬字過紙，而要把其起因依著「本質」這名詞來作回答：儘管內容相同，但答法不同。

文要對題，固然是必須，但這只是回答問題時的要求。有時候，「文不對題」，只要內容充實，也不無意義。例如說，王家衛的《旺角卡門》和《阿飛正傳》，故事內容和其戲名半點兒關係也攀不著，但電影就是拍得好看。

193. 認知意義：「認知意義」(cognitively meaning) 的意思，即是你能檢證出這命題的真假，就叫做「有認知意義」。例子是，林敏聰那句 48 字的「真言」，由於無法檢證真假，則可說是「沒有認知意義」(cognitively meaningless) 了。

194. 其他意義：那究竟是不是一句話沒有認知意義，就等如沒有意義呢？這又不然，例如說，詩詞歌賦等文學作品，有其美學上的意義，我們說粗口罵人，則是情感上的宣洩。這些均有其獨特的「意義」，組織和使用時也需要智力和思考。

像林敏聰的那句「蘇格蘭場非工業用國際線路自動溶雪十六嘩佬風油太垂直升降大包圍連雷射彩色洗衣乾衣腐蝕性氣墊毛筆一枝」，公開在電視說出來是為了玩「超級無敵馬拉松」。這是一個接龍式的

遊戲，由於句子太長，兼且太過無厘頭，後來者無法接上，林敏聰因而勝出，達到了目的。因此，這句話雖然沒有「認知意義」，但卻有其他的意義。

195. 沒有意義：一句話不一定有意義，甚至可以是完全沒有意義，例如是一個瘋漢滿口夢囈，亂說一通，屬於此類。

有一句人們常說的話：「人生有甚麼意義？」這句話的大前提就是：「人生必然有某種意義。」這句話也可套進：宇宙有甚麼意義、螞蟻有甚麼意義、病毒有甚麼意義？我們無法證明以上這些有沒意義，也沒法證明以上這些和人類的生命有何不同，那麼，這就是一個無法思考的命題，嗯，應該說，連命題也不算是。

不去思考一些明顯不可能得到答案的命題，這是我的忠告。

196. 檢證原則：正如先前講到的「偽命題」，就算一個命題是錯，也不一定沒有意義。例如說，政治評論員預測政治，「財經演員」預測股市或經濟走向，其命中率可能比擲飛鏢還要低，這究竟有沒意義呢？按：正是由於財經評論員的預測經常出錯，因而被香港人謔稱為「財經演員」。

又或者是，我們不時說錯話，或引用錯誤資料，又算不算是有意義呢？

正如先前也講到，有沒有「認知意義」，定義是「你

能否檢證出某命題的真假」，換言之，不管它是真是假，也有「認知意義」，也即是説，謊言也有認知意義。

哲學上對此有一個專有名詞，叫作「檢證原則」（verifiability principle），即是説，一個命題，只要你可以檢證出它到底是對是錯，它就是算有「認知意義」。至於它具體是對是錯，那就並非這名詞所指涉的了。

197. 否證原則：「否證原則」（falsifiability）是哲學家 Karl Popper 的主張。在這本小書的脈絡，本來提起理論發明者的名字，對於理解理論沒什幫助，不過一些讀者可能聽過他的大名，看起來有親切感，可幫助記憶。如果沒聽過，不妨當作沒看到。

「否證原則」是「檢證原則」的相反，但卻有相同的原理和作用，即是殊途同歸，不過更進一步，涵蓋範圍更闊，當然，這也是更晚近發明的哲學概念。其原理，根據 Karl Popper 的説法：「一個理論是科學，原則上可以被否證（falsifiable）。同樣地，如果一個理論原則上可以被否證，就是科學。」

這正如「檢證原則」：內容是真是假，並非這原則的所涉，只是看它究竟是否可被否證。

這例如説，「所有人皆會死」，只要找出一個不死的人，那這句話就是「被否證」（falsified）了。既然這句話可以被否證，即是有意義。

另外還有一些，是理論上可以被否證，實際上不能

被否證的，例如「朱棣殺了朱允汶」，由於事件過去了七百年，歷史資訊也不齊全，我們幾乎無法可知悉答案。但由於仍有可能發掘出答案，因此這命題也可以算是符合了「否證原則」，也是説，它是有「認知意義」。

另一個例子是，「世界存在我們不可能觀察到的飛行意粉怪獸」，由於「不可能被觀察到」，因此，這主張就不可被否證，不符合這原則了。

反之，如果這「飛行意粉怪獸」是「可以觀察到的」，我們之所以未發現，只是它們還未飛到地球吧了。由於這仍然是「有可能被否證」，因此，它仍然是符合這原則。

另一個例子是哲學家羅素在一篇名為《神存在嗎？》的文章説：「地球和火星之間有個瓷製茶壺以橢圓軌道繞太陽公轉，只要我小心地補充説明這茶壺實在太小，即使用我們最強大的望遠鏡也找不到它，那麼沒有人可以證　我的主張。但如果我要聲明道，既然我的聲明無法被推翻，那麼向它提出懷疑對人類理性來説就是不可容忍的，我自然應當被看作在胡言亂語。」

他的這番話，目的是否定學校教導基督教教義：「假設這茶壺的存在被古書所支持，並在每個星期日以神聖真理的形式教導給大　，灌輸到每個在校孩童的心智中，那懷疑茶壺存在的人會被當作反常的特徵，懷疑者在啟蒙時代會受精神科醫師注意，在更早的時代中則會被視為異端而受審判。」

有神論和無神論並非本書的主題，表過就算。

198. 飛行意粉怪獸：剛才提到「飛行意粉怪獸」(Flying
Spaghetti Monster)，這是一個西方常常講到的名譴笑
故事，這裏稍作解說。

2005 年，美國堪薩斯州教育委員會所通過一項決議，
允許「智慧設計論」(intelligent design) 在公立學校作
為「進化論」的替代課程，即是學校可以自由二選
一，作為必修。

「智慧設計論」是對「神的存在」所作的科學論證，
指出有一些自然現象無法用現有科學去作出充分解
釋，因而必然存在一個造物主。這其中，最有名的
論述就是：在沙漠中出現一枚手錶，意即必然是有
人遺留下來，不可能由沙漠自然生成。同樣原理，
宇宙和地球如此奧妙，也必然是由神創造出來。

就此，寫出《自私的基因》的生物學家道金斯寫
出了一本叫《盲眼鐘錶匠：為何演化證據可揭露
出一個不需要設計的宇宙》(The Blind Watchmaker:
Why the Evidence of Evolution Reveals a Universe without
Design)，以作反駁。

Bobby Henderson 為了反對堪薩斯州教育委員會的
決議，因而創立了「Church of the Flying Spaghetti
Monster」又稱為「Pastafarianism」。

這宗教的教旨是：世界是由「飛行意粉怪獸」在「一
次嚴重的酗酒後」，創造了整個宇宙。據推測，在
一天內創造的，煮創造了一座山，然後樹，最後是

一個侏儒。正是因這神祇酒精中毒，導致創造的宇宙充滿種種瑕疵。其祈禱結束語是類似基督教的「阿門」的「拉麵」(RAmen)，不過其「A」是大寫。

該教在台灣經法律承認為正式宗教。在紐西蘭，它則已獲授權，可以舉辦婚禮，並在 2016 年 4 月舉辦首場法律認可的婚宴。不過，美國和荷蘭的政府則不承認其宗教地位。

199. 錯誤：從邏輯學上，有分析性的錯誤，例如數學上的計算錯誤，演繹推理上的錯誤，又或者是自相矛盾等等，也有綜合性的錯誤，即是與現實不符的，例如說周顯很高大、很富有，而且很俊朗，這些都是明顯的錯誤。

    另一方面，在現實生活中，我們所講的「錯誤」，卻往往有著不同的歧義。

200. 犯錯與犯罪：Louis Antoine, Duke of Enghien(1772-1804) 是 Louis Henri, Prince of Cond 的獨生兒子，也是路易十四的外孫，當法國大革命發生，路易十六被斷頭後，假如波旁王朝復辟，他是接任法國國王的可能繼承人之一。

    不過當時法國最高權力者是第一執政官拿破崙。1804 年，他粉碎了一次政治暗殺。他懷疑這位公爵就是幕後策劃人，因此派人把公爵抓了，迅速審判，並且以叛國罪名，殺掉了對方。

    此舉震驚了當時的國際社會，大家本來想，呀，拿

破崙執政了，估計很快就會登上王位，凶殘的法國大革命也應該完結了吧？誰知這一來，大家覺得原來拿破崙還是殺人如麻、視歐洲王室為仇敵的革命者，翌年歐洲諸國發動第三次反法同盟，這事件佔很大因素。

總之，拿破崙殺掉 Duke of Enghien 之後，有人說了一句名言：「這比犯罪還要糟糕，這是大錯！」(C'est pire qu'un crime, c'est une faute.)，英譯為「It is worse than a crime, it is a fault/mistake/blunder.」

這句話通常被視為當時的外交部長，狡滑的和多次出賣不同政府的 Charles-Maurice de Talleyrand-Périgord 所講，但實際上，應該不是由他所言，而是有好幾個可能性，最大可能性是其警察總長 Joseph Fouch 。

這句話是我評論政治的格言，也是我教政治班常常引用的，這次特意寫了出來。

在政治的世界，根本沒有「罪行」這回事，犯罪不犯罪，並不要緊，真正要緊的，是別要犯錯。當然，如果犯了一件罪行，同時也犯了錯，像拿破崙的這一次，那就不好了，但這也只是「worse than a crime」，重點，仍然是「fault」，而不在「crime」。把「犯錯」和「犯罪」混淆，是常常犯上的思考盲點。

201. Blame the victim：「女人不要穿暴露衣服以免被男人性侵」這句話備受爭拗多時。

2012 年，在印度首都德里，22 歲的女醫學實習生

Jyoti Singh 與男友在乘坐的公車上，遭到毆打、輪姦、虐待，女方其後因傷重不治身亡。據說，該地的警察局長曾經公開講：「女性不應當在夜晚出門。任何與時尚、穿著、擁有男朋友、泡吧、喝酒、和男朋友一同工作有關都可能是強姦案發生的主要動機。」這說法並不止他一人說過，香港的警方也說過類似的話。人們把這稱為「blame the victim」（責罵受害者）。

我的高見是：先不管誰對誰錯，美女在很多陌生男人的地方穿著暴露，甚至喝醉，更有甚者，這地方是在以性侵而惡名昭彰的印度或南非，這好比用透明膠袋盛載幾百萬元現鈔上街，我會建議別要這樣做，在中文成詞，這叫做「引人犯罪」。

「引人犯罪」是不是錯？這是愚蠢，從某角度看，愚蠢也是錯，但當然，愚蠢不是罪。當愚蠢的人已付出了相應的代價，人們應不應責罵／責備愚蠢，也即是說，應不應「blame the victim」呢？

麥當娜有一首歌曲，叫《Papa Don't Preach》（爸爸別說教），收錄在她 1986 年推出名為《True Blue》大碟。歌詞大意是：我有大麻煩，因我懷孕了。男人說和我組織小家庭，朋友勸因我年紀太小應放棄孩子，但我想生。爸爸，我需要的是忠告，不是說教。

的確，在受害者的耳邊喋喋不休地說教，既是在傷口灑鹽，又無補於事。不過，如果是作為對潛在的受害人的勸告，前事不忘，後事之師，以避免以後有更多的愚蠢受害者，又是另一回事了。

簡單點説，Jyoti Singh 犯的是「愚蠢的錯誤」，性侵她的人則是「犯罪」。一個聰明人應明哲保身，盡量避免別人有在你的身上「犯罪」的機會：在現實面前，爭拗誰對誰錯，本身已是愚蠢的行為。

真正最愚蠢的是「blame the criminal」（責罵罪犯），因為根本於事無補。

有一句訛傳是普京説的話：「原諒他們是上帝的事，我們的任務就是送他們見上帝。」這句話其實出自劇作家 Brian Helgeland 寫的小説／電影《Man on Fire》。我且把這改為「討論誰對誰錯是旁觀群眾的事，現實是，誰是受害者！」

德里強姦案一共有六人涉案，其中四人被判死刑，在案發後八年的 2020 年執行。印度的強姦案很少被判刑，這一次的判刑的原因是，一，發生在首都德里。二，受害者是大學生。三，事件上了國際新聞，鬧大了。

202. 試錯：「錯誤」並非沒有正面作用：「嘗試錯誤法」（trial and error），簡稱「試錯」，就是根據已有經驗和知識，採取系統或隨機的方式，去嘗試各種可能的答案，當失敗後，選擇另一個可能的解法，接著嘗試下去，直至成功為止。

這其實是獲取知識的最基本方法，人類以外的其他生物，也掌握了這種方法。重點是，我們絕對不可能是漫無目的的去嘗試方法，而必須是「根據已有經驗和知識」，這好比原始人意圖檢驗出究竟甚麼是能吃的食物，必然先挑外表最像已知好吃食物的

東西，到了最後最迫不得已瀕臨死亡時，才會去試吃大便。

香港有一個商人，名叫「黎智英」，他曾經聘請過一位失敗了多次的人作為員工，理由是：我就是付錢購買你的失敗經驗，至少我可知道走哪條路不會成功，省走不少冤枉路。

203. 看結果：一個美女，有著許多位裙下之臣，千挑萬挑，挑了條件最好的一位去結婚。結果，這位樣貌財富人品俱臻上乘的男子，卻因意外去世了。那麼，這位美女的選擇究竟是不是錯呢？

從結果看，她的挑選的確是「錯」了，皆因要她再選一次，她不會作出這選擇，但是在她挑選丈夫的那一刻，其決定卻並沒錯。這正如有人問我後不後悔做錯了某事，我通常的回答是：「我每次買六合彩而不中，開彩後都會後悔沒買中攪珠出來的六個號碼。如果時光倒流，再買一次，必然會買中了的六個號碼。這究竟算不算是後悔？」

204. 看過程：如果這位美女，挑選的一位丈夫，雖是樣貌財富人品俱臻上乘，但卻好賭，把整副身家輸光了，跳樓自殺。如果她不知這男人的爛賭本性，是疏忽，如果她明知也要嫁，則是盲目。這兩者，皆是在決策過程中，犯了錯誤。

一個有名的爭拗：女人穿著暴露，在全無可信任的友人陪伴之下，去夜場玩樂，結果被強姦了。有人

會説：「她不應穿著暴露去夜場！」有人認為，這是「歸咎於受害者」，即是英文的「blame the victim」。

這根本用不著爭辯：在道德上、在法律上，女人完全正確，她完全有權穿著暴露，獨自去夜場玩樂，那位強姦她的男人完全是錯，應抓去坐牢。可是問題在於，這樣作法，很大概率會被強姦。這好比一個人完全可以捧著大堆鈔票，深夜經過黑巷，打他的賊人是全錯，不過，如果我是他，可決不會這樣做，儘管他的做法完全合法。

簡單點説，深夜獨自去夜場玩樂的女人，是犯了「疏忽的錯」，至於強姦她的男人，則是法律和道德的錯。

205. 全錯與全對：我常常説，在真實的世界，有「全錯」，但不會有「全對」。

「全錯」的例子，例如我説：「周顯是十頭美麗的蟑螂。」周顯是「一」，「十」這數目已錯了，周顯也不「美麗」，更非「蟑螂」，因此這句話是全錯。

再舉例，我可造一台車，既貴、又不好開、走不快、兼且危險、醜陋，坐著還不舒服，這是「全錯」，完全可以做到。

但是，任何人卻無法造出一台車，既快、又舒適、安全、好開、美觀，而且價錢不貴，這是做不到，皆因在現實世界，要想得到 A，必然要付出 B，這也是成本效益的結果。

此外，分析語句固然有分絕對的對錯，但在真實的綜合世界，對錯只是概率的大小，並無絕對正確可言。

206. 歧義：前述的「錯誤」源於這名詞有有「歧義」。
所謂的「歧義」，有時會被解作「含糊」（ambiguity），後者即是指未定義或定義不清楚而沒有明確涵義的單詞、術語、注釋或觀念，但另一個「歧義」的可能性則是「一詞多義」（polysemy）。

例如説，一個人「做夢發達」可能指「他在睡覺時做夢發達」，也可能指「他在幻想發達」，皆因「做夢」這個詞至少有兩個不同意思，一指是生理上的「睡覺時的腦部反然反應」，二是「幻想」，因此它是「一詞多義」。

中國戰國時代的思想家公孫龍的「白馬非馬」論是這樣的：「求馬，黃、黑馬皆可致；求白馬，黃、黑馬不可致。使白馬乃馬也，是所求一也。所求一者，白馬不異馬也；所求不異，如黃、黑馬有可有不可，何也？可與不可，其相非明。故黃、黑馬一也，而可以應有馬，而不可以應有白馬。是白馬之非馬，審矣！」。

這句話是詭辯：「非」是「是」的相反詞，而「是」是歧義字，一共有五個不同的意思：

第一是英文的「yes」，這也有兩個意思，一是應對，例如唯唯諾諾的人被稱為「yes man」。第二解是「意義上的正確」，例如問老師我是否答對了這條題目，

他回答：「是。」

第三是「道德上的正確」，如中國成語的是非曲直、是其是、非其非。

第四是數學上的「＝」，例如 1+1=2，北京 = 中國的首都，孔明 = 諸葛亮。

第五是「母子集」關係，例如「周顯是人」這句話，「人」是母集，「周顯」是子集」，用邏輯符號表達，則是：「周顯⊂人」。

207. 低級錯誤：「低級錯誤」指非智力因素，出於失誤造成的錯誤，也即是說，任何人都有可能犯上低級錯誤，例如說，忘記帶東西，又或是填寫錯一個字，甚至是按櫃員機轉賬時多按了一個零，這些統統是「低級錯誤」。雖然，低級錯誤也可以導致嚴重的後果。

208. 高級錯誤：需要一定智力才可犯上的錯，就是「高級錯誤」，例如我們投資失誤，或者政客作錯了決定等等，都算是這一類。希特勒的進攻蘇聯，就是二十世紀最大的單一「高級錯誤」。

認錯：「認錯」的確是思考方式的一種，皆因我們的腦袋天生頑固，不容易理解別的話和論點，而你必須要明白了對方的論點，才有可能會「認錯」。

在這世上，聰明的人少，愚蠢的人多，而「認錯」需要的智力甚高，越是愚蠢，越不易認錯，這也是舉世通例。

209. 這有兩點需要補充：一是在你思考過後，的確是自己的錯，如果你是君子，的確需要認錯。二是對方如是孔武有力，兼且脾氣暴躁，我也會勸告你趕快低頭認錯。

210. 死不認錯：明知有錯而不認，也是人類的常態。這好比殺人犯，不管證據多確鑿，只要死口不認，永遠有人相信他是無辜，可是一旦認罪，就是板上釘釘，沒啥反駁了。所以，死不認錯是一種有效的策略，正如我們同別人吵架，往往是你說一句，我說一句，皆因人的本性認為：誰人說最後一句，就是誰吵贏了。

211. 仲裁與現實：「仲裁」在日常語言中，指的是由第三方去協助解決雙方的爭議，而這第三方並沒有絕對判決對錯能力和執行決定的能力。不過，這第三方大多是德高望重，身分比爭議的雙方更高，而且雙方均相信他是公正不倚的正直人士，方會把爭議交給他來作仲裁。成功的仲裁，其結果和理據，均會得到雙方的信服。

例如說，三千年前，「虞」和「芮」兩部族發生爭拗，周文王居中調停，為其「仲裁」，令到雙方和解，這是當時的國際大事，因而被《史記》寫進了。

在法律程序上，雙方也允許用「仲裁」的方式去解決紛爭。以香港為例，《仲裁條例》是《香港法例》的第 609 章：仲裁是一種法律程序，在進行之前，

牽涉入爭議的人士（或公司）必須協議將爭議提交仲裁，在簽署載有仲裁條款的合同時，當事人便已同意將他們之間的爭議交給一位或數位獨立人士（即仲裁員）來審理，而不是交給法院審理，其結果是由一位或數位仲裁員作出裁決書。

雙方的爭議訴諸法律，幾乎必然都認為自己是對的，否則也不會在法庭相見。然而，仲裁員會用甚麼方法，去協調雙方的矛盾呢？莫非真是各打五十大板：你有錯、他也有錯，一人各退一步，就這麼簡單可解決問題嗎？當然不是。

仲裁員最常用也最有效的方法，是陳之以利害：官司打下去，你會花上多少錢，花了也不一定會贏，贏了所得到的賠償，也彌補不了繼續打官司下去的損失，更何況，時間和心血上的損失，更加無法估計。倒不如快點解決這宗官司，大家放開這事件，專心去賺錢，或者專心去做其他正事，方是最聰明和最有效的作法。

通常，雙方在初打官司時，都是興致勃勃，打了一段時間後，開始有點累，也花了不少冤枉錢，便有可能訴諸仲裁，現實利益大於自己認為的是非對錯。不止在錢財官司，現實世界，以至於政治紛爭，往往也是如此：兩國打得累了，花錢多，死人多，便開始思考和談，相信周文王解決「虞」和「芮」兩部族的爭拗，也是循這思路。

理論上，更聰明的作法是，一開始便以現實利益作為思考方式，不用別人去作「仲裁」。然而，對方

未必像你一般的用現實去思考，如果你先一步遞出橄欖枝，可能在談判時，會被認為是認慫，談判條件會吃虧。在這情況下，的確需要一個德高望重的「周文王」，去作「仲裁員」，也好讓雙方均有下台階。

212. 時間性：法國作家 Marguerite Yourcenar 有句名言：「太早的正確等於錯誤。」（C'est avoir tort que d'avoir raison trop tôt.）如果一個人預言股災，結果在五年後股災才發生，那麼，他算不算是預言成功呢？

理論上，只要時間足夠長，甚麼事情也會發生，所以，也是理論上，正如周星馳在電影《大話西遊》的名句：「如果非要在這份愛上加一個期限，我希望是一萬年。」所有的話，都必須有時間性，先知，例如耶穌，在當時，往往是錯誤。

但是反過來說，以前的正確也會變成後來錯誤。希臘羅馬時代的神，現在已沒有人崇拜了。以前認為是天經地義的君主制，現在只存在於少數國家，而且還名存實亡，權力已落入在民選議會的手上。中國人古時的子女產權屬於父母的法律，也已煙消雲散了。

除了分析語句之外，凡是綜合的命題，不會永遠正確，因為總會有人推翻，連物理學定律也不斷被推翻，不過，也許存在永遠錯誤。

213. 全稱命題：為甚麼人們要發明「否證原則」以作為

「檢證原則」的進化版呢？這得講到另一個命詞「全稱命題」(universal statement)，其符號是「∀」，即把大寫「A」，上下顛倒了，意即英文的「any」。

前面講過，「所有人皆會死」，這包括了「所有已出生和未出生的人」，就是一個「全稱命題」。很明顯，我們不可能找出「所有的人」，然後去檢證他究竟會不會死，因此也無法檢證。另一個使用到濫的例子是：「所有北極熊都是白色」，我們也不能去一一檢證每一頭北極熊。

正是由於「檢證原則」難以處理「全稱命題」，因此，人們才有需要發明「否證原則」：理論上，我們只要找出一個不會死的人，或者找出一頭不是白色的北極熊，就能否證這兩個命題。正因它們符合了「否證原則」，因此它們是有「認知意義」。仍然是那一句：至於我們能否找出一個不會死的人，或者找出一頭不是白色的北極熊，則無關宏旨。

這裏再說說前文講過的「大前提」：很多時，大前提作為「一般性原則」，很多時都是「全稱命題」，但也不完全如此，例如說，假如「大前提」是「這個秋天，很多人都生病了」，由於這只是「很多人」，而不是「所有人」，因此並非「全稱」。

214. 反例：說了「全稱命題」，就不得不說「反例」(counterexample)。

要證明某一全稱命題不是真的，只需要提出一個反例。例如說，「所有男人都是好色」，你只要找出

一個不好色的男人，就證明了這説法是錯的，用不著找出很多個好色男人。當然，究竟如何定義「好色」，這又是另一回事了。

最後一提：「counterexample」是我在中一已學到的名詞，但直至寫到這裏，略找資料，方知它是一個字，而非兩個字「counter example」。

215. 存在量化：「全稱命題」的簡單英文是「any」，而「存在量化」(existential quantification) 的簡單英文則是「some」，意即「有一些」，或「至少有一個」，其符號是「∃」。我企圖用這些符號來證明，用符號邏輯來作推理，在專家而言，整個演繹可更清晰。

最有名的説法是：三個人乘著巴士，去北極旅遊，在門窗口看到了一頭走著的北極熊。A 説：「原來北極的熊是白色的。」這就是「全稱命題」。B 説：「北極最少有一頭熊是白色的。」這就是「存在量化」。最後 C 説得最謹慎：「北極最少有一頭熊的其中一面（向車子的一面）是白色的。」

「存在量化」這名詞比較僻，日常很少使用，但這概念又十分重要，非講不可，偏偏我又想不出兼找不到相同意義的日常用語，只有照用。

216. 以全代普：在日常生活中，我們不時會把「存在量化」當作「全稱命題」來講，這稱為「以全代普」，即是「用全稱命題來代表只是普遍但不是全部的狀況」。

例如説，「美國人都愛吃漢堡包」，甚至是「女人全都貪慕虛榮」，我們固然可以説這是「以偏概全」，但是在日常語言中，往往不去深究，而聽者應都知道説者真正的意思並非「全稱命題」，只是大致説説。

在這情況下，可叫作「以全代普」。

217. 數學：在數學家的眼裏，整個宇宙都是由數學構成，一切知識俱是數學，其中之一端，是在電腦裏頭，任何語言均被轉化為數字。在邏輯學家的眼裏，則數學是奠基於邏輯。

就本書的討論範圍，用不著去理解任何高深的數學，只須明白這基本概念，便已足夠。之所以會在這裏跳出來講「數學」，皆因剛剛講到了「存在量化」，而「量化」就是數學的概念。

218. 科學：「科學」是建基於已知的事件，並且集合起來，成為數據，然後根據這些數據信息，歸納出規律，再根據這些規律，推斷出未來的事件。換言之，這是根據已知，定出規律，推理出未知的人類行為。它有兩個分支，一是「自然科學」，例如生物學，化學、物理學等。二是「社會科學」，如經濟學，心理學、社會學。至於邏輯、數學等，則是科學的基礎，這些稱為「形式科學」，不學會它們，無法有系統地研究科學。由於它們不是研究大自然，所以有人不把它們當作是科學，有些大學，例如香港

大學，甚至把數學系列入文學院，而不是科學院。

電腦、工程這些技術性的學科，究竟應不應算是科學呢？此外，有的人把歷史也當作是科學，皆因他們認為，歷史是有規律的，因此，我們可以根據過往的歷史，作為參考，推論出未來的人類進程。

照我看，科學是一種「硬知識」：種植、畜牧、基建、裁衣、生火、建房子等等，都是科學知識的累積，人類不可能脫離科學而生存。再說，管理人口、武器和戰鬥技巧等等，也是科學，不相信科學的人類，相信早已滅亡，不可能存在到今天。

相信科學，這也是思考的基礎。

219. 信仰：信仰不一定是宗教，也可以是意識形態，如民主，或共產主義，廣義地，甚至是科學，也可以被視為一種「信仰」：英文的「信仰」和「相信」同一字源，就是在漢語，「仰」是「尊重」的意思。這即是說，最高程度的「相信」，就是「信仰」了。或許這樣說：「我最相信的，就是科學。」這和「我的信仰就是科學」，兩者大概是同義詞，不過後者聽起來沒那麼突兀。

我們可把「信仰」看作是「範式」：雖然科學足以解釋宇宙大部分的事物，但還有更多更多的事物是科學無法解釋的。宗教信仰就是用神來作「最後的解釋」。

可能說，科學和神學兩者有著明顯的矛盾，但正如「範式」的理論所言，矛盾可共存，並不妨礙有人

同時相信兩者，這正如中國人既拜佛教也拜道教的神祇，也不構成太大的矛盾，皆因信仰就是「範式」的一種體現，我們不可能脫離「範式」而思考。

正如數學家哥德爾所揭櫫，世事必須有起點：信仰就是思想的起點，你只能用一種信仰代替另一種，只不能完全消滅。有人說，當年新中國統治西藏，是用共產黨來代替藏傳佛教，是毛澤東來代替達賴喇嘛，這遠比要求西藏人相信無神論容易得多。

如果把語言和思想看作是工作平台，信仰就是這平台的最高點。基督徒和穆斯林可以創造出一個共同的作業平台，討論天文學，金融架構，國家基建，但是一旦討論到宗教，則因沒有共同的平台，因而互不相容。這矛盾也同時存在於民主和共產主義信徒之間。

220. 常識：所謂的「常識」，即是大部分人都以為是對的，和大部分人都知道的基本知識。正如「範式」的理論，「常識」可能是錯的，幾百年前，「地心說」是常識，但後來被「日心說」所取代了。有一段時間，「日心說」被認為常識，但沒多久，大家又發現了，太陽也不是宇宙的中心，宇宙根本沒有中心。現在又有人認為，人類、地球、太陽系只是被研究的對象，我們非但離不開太陽系，連見到的宇宙其他部分，也是被觀察者虛構出來，並不真實存在，這樣子，地球既然是被觀察的對象，那就可以被視為中心了。

在這情況下，我們應如何面對這些並不真實的「常識」呢？

龐加萊公認是 19 世紀後和 20 世紀初的領袖數學家，他在《科學與假設》第十一章説過：

自 1883 年以來，化圓為方問題之不可能是已經證明了，但在這之前的很久很多幾何家以為這個不可能性實在是十分「大概的」，所以科學院不經審查就去丟棄那些可憐的瘋子每年送去的論文，呵，那些論文真是太多了。

試問學院做錯了嗎？自然不是，因為它知道這樣做並不會埋會一種真正的發現。它當時雖未能自辯，但它深知道它的本能決不會欺騙它。如果你問一位院士，他們一定答道：「我們曾比較，是一位無名的學者能解決久想解決而未果的問題之概率為大，還是地球上又多了一個瘋子的概率為大；我們覺得這後者的可能性似乎比較大。」這是很好的理由，但毫無數學性質，這純粹是心理的。

這並非看不起一個無名學者實質是天才的可能性，只是，當他在完成破天荒大發現之前，必然有過一段時間，是完成了一些小發現，而不可能憑空跳出來，突然成為絕世數學家。

至於無名學者和瘋子的概率關係，並非「毫無數學性質，這純粹是心理的」。其「數學性質」可以從我們的人生經驗中，約略地統計出來。這是經驗之談，並非純心理性。

這即是説，在沒有新的可信的「範式」出現之前，

我們只能暫時相信常識，皆因不信常識的成本太高，我們並不擁有這成本去拒絕常識。這正如我們乘電梯，等於是相信了物理學、機械工程學，以及政府的檢驗標準等一系列的基本知識。並非這些知識完全可信，而是我們沒知識、沒能力去挑戰這些知識的真假，又不想走樓梯，只好相信了。

這並非指我們絕對不可挑戰常識。在基督教當道的中世紀西方，也頗有人不信羅馬天主教的學說。我正是不相信現時的所有政治學理論，才會創造一套完整的政治理論，並且在寫一整系列相關書籍。

可是，我縱有孫悟空的能耐，頂多只能挑戰世上千千萬萬常識的兩三項，在大部分的狀況，我還是只能相信常識，而我的政治學理論，也是建基於常識，只是作出了不同的演繹，得出不同的答案而已。至於哥白尼，雖然創造出離經叛道的「日心說」，但他始終還是一位虔誠的基督徒，並沒有放棄信仰耶和華。

221. 專家：前面剛說過了無法不信專家，但同時，我們也必須對專家的意見有所保留。朋友鍾仔患上血癌，正是聽了好些專科醫生的意見，做了一些檢測，只為了試圖檢出一些罕有概率的潛伏病，既付了不少錢，也吃了不少額外的苦頭。

也許，在作出任何醫療決定之前，他應該諮詢多幾名專家的意見，以及上網查找資料。

有一句由十九世紀的一位英國首相 Lord Salisbury 說的

俏皮話：「人生經驗得到的最大教訓是你不應相信任何專家：如你相信醫生，沒有人是健康的。如你相信神甫，沒有人是無罪。如你相信軍人，世上沒有安全。」(No lesson seems to be so deeply inculcated by the experience of life as that you never should trust experts. If you believe the doctors, nothing is wholesome: if you believe the theologians, nothing is innocent: if you believe the soldiers, nothing is safe.)

222. 常理：「常理」和「常識」有點近似，我也是在寫這本書時，才搞清楚兩者的分別。

我們很少會說，太陽從東邊出是「常理」，也不會說「公雞早上啼」是「常理」，這些都是「常識」。但我們會說：「按照常理，太太和丈夫吵架後不回家，不是去了閨蜜的家，就是回到娘家。」從這可以推出，「常理」指的是「人類倫理的常態」，不關自然現象。

讀者看到這裏，請勿抬槓：太太和丈夫吵架後，也有可能是去了自殺，或找情夫，甚至一夜情。本書由於寫作匆匆，有的例子沒有深思，甚至比擬不倫。羅素著作等身，但常有錯漏，李天命惜字如金，幾年寫不出一本書。我是前者，寧願犧牲部分質素去增加產量，皆因有太多的未寫之書，要在有生之年寫完。

223. 科學方法：前面講過，科學就是根據已知事件，歸

納出規律，而這些歸納出規律的方法，過了多年人類的整理、加強，演變成為一個完整的系統。必須是根據這系統得出來的結果，才算是「科學知識」，而這系統就叫做「科學方法」。

反之，如果沒經過科學方法所得出的，這知識就不可靠，不能說是「科學」。

224. 實驗：其中一種最常見的科學方法，就是「實驗」，也即是模擬「現實的經驗」。

我們把被研究的對象分為兩組，一個是「實驗組」（experimental group），另一則是「控制組」（control group），又可譯作「對照組」。

例如說，要研究某一藥物是否可以治療癌症，「實驗組」就是吃藥的一群，而「控制組」則只吃沒有藥效的安慰劑。好比說，三個月後，看看雙方的狀況，就能得出該藥的藥效了。

之所以把「不吃藥」的那群人叫作「控制組」，皆因實驗人員要「控制」他們除了吃不同的藥之外，其他一切客觀因素必須與「實驗組」相同。

225. 重覆實驗：一次的實驗可能因人為出錯，又或者是環境等非人為因素，導致結果不準確，又或者其相關性只是巧合。因此，要證明實驗的結果是否正確，必須要重覆地做，以作驗證。

所謂的「重覆實驗」必須是一個從頭到尾完整的、與先前實驗完全無關的全新實驗。例如說，使用上

次實驗的同批次樣本，重新再做一次，這只是「假重覆」(pseudo-replication)，雖然也有某程度的覆實作用，但卻不能算是「重覆」。

226. 文獻綜述：做研究，先得參考前人講過寫過甚麼、有過甚麼論點，對照自己的想法有無新意，和前人寫的有無矛盾，如有，則究竟是自己的錯，還是前人的錯？最重要的，還是以此來證明自己的確是花了功夫，深入研究了，從而可增加自己論點的説服力。

這在日常語言中，叫作「資料搜集」，在學術界，叫作「literature review」，不同的譯法分別是：「文獻綜述」、「文獻評論」、「文獻探討」、「文獻回顧」等等。

227. 統計學：統計學是數學的分支，首先是獲得基本的信息和數據，並且以此為分析基礎，通過測定、搜索、收集、整理、歸納、分析、描述資料等手段，去對研究對象作出分析，從這些已知、已過去的信息，非但可以正確的得出研究對象在當時的狀況，並且預測其未來。

也可以根據一些觀察得出來的信息，綜合得出一條理論、或定律，正如牛頓就是綜合了大量地球和月球兩者運行的統計數據，寫出了了萬有引力定律。萬有引力定律不是統計學，但他得到的地月數據是。可以説，現時大部分的知識，從宇宙的星系數目，

以及於生男生女的比例，都是基於統計學。不過，統計學只是基於現實世界的綜合知識，可以隨時被新的數據所推翻，並非像分析語句般，有著對錯的絕對性。

總括而言，統計數字是客觀事實，也是思考的根據。廣義來看，因果關係的本質，也是統計學：因果無法證實，但統計數字卻是客觀，理論上，我們只能計算出兩者之間的相關系數。

228. 萬能的統計學：理論上，我們可把任何物事作出統計，也可用統計學來比較任何物事，除了比較裙子長短和股市高低，甚至可以比較一天的小便次數和太陽黑子的數目，看看有多大的相關系數。我看過一本講計算百家樂勝率的書，我想作者應該是無法想出計算的公式，索性用電腦來模擬，記得好像是一百萬手牌，從而得出不同狀況的勝率。

這也即是說，統計學除了證明兩宗或以上事件的關係，也是「萬能藥」：當無法用推理去證明時，也可用統計學，去構成事件的關係。

229. 用統計學來騙人：小說家馬克吐溫說過一名句：「謊言有三種：謊言、該死的謊言、統計數字。」(There are three kinds of lies: Lies, Damned Lies, and Statistics.) 事實是，表面上統計數字好像必然真實，可是，如果你懂得其技巧，然後加以擺弄，就可以很容易得出自己想要的結果，從而騙人。在這世上，有無數

用統計數字騙人的人，也有無數擺弄統計數字的方法，下面只是稍稍列出幾種。

230. 任意數字：1986 年，美國的太空穿梭機挑戰者號發射，在這之前的評估，是只有十萬分一的概率會失事，但結果它爆炸了。物理學家費曼負責調查這事件，他的第一個問題是：太空穿梭機只飛過幾十次，怎能統計出它的失事概率是十萬分一呢？

原來，十萬分一是基於一系列的數字，假如這些情況發生了，就會失事。但這些數字都是任意的假設，例如説，假設螺絲鬆脱的概率是多少多少，諸如此類。既然數字是任意的，得出來的概率自然也不正確。

大家必須知道的是，在金融市場的很多風險評估，都是基於任意數字，然後再在這些任意數字之上，作出精密計算。這好比在浮沙之上建築的高樓大廈，不管建築標準如何之高，基本數據建基於浮沙之上，始終不準確。這也因此金融機構發行的產品往往是失敗收場。

231. 挑戰者號失事：前文我説過「既定立場」和「預判結果」，而挑戰者號慘劇正是差不多的狀況：這一次的飛行任務，並非全由專業太空人參加，而是加進了一位女教師。太空人置死生於度外，這是他們的專業，然而要業餘的女教師上太空，其安全系數必然要非常高。

據其內部評估，意外率至少要低於十萬分一，民眾才會安心讓她上機。於是，太空總署的專家們，任意地堆砌數據，得出了十萬分一的結果。然後，只有十萬分一的失事率，「居然」爆炸了。

我可以很負責任地告訴大家，現時世上大部分的安全數據，都加進了任意數字，因此，都不可靠。

232. 比例：既然世上沒有絕對這回事，那麼，絕大部分的價值都是相對的，只是程度問題，例如說，香港富豪劉鑾雄相比蓋茨，就不算那麼富有了。中共前領導人鄧小平評價毛澤東是「三分過，七分功」，這是一種相對的、比例的評價。

然而，大部分人類對於不常接觸的大數字沒有「比例感」：我們很清楚明白一百元、一千元、一萬元的分別，但對於十億元、一百億元、一千億元的分別，卻並無感覺，皆因這並非我們常接觸的數字。

Cyril Northcote Parkinson 在他的那本暢銷名著《Parkinson's Law》中的其中一篇「High Finance or the Point of Vanishing Interest」對此有一番鮮活的描述：一群國會議員在審議一個一千萬鎊的建築項目，大家對這大數目沒概念，因此迅速通過。其後審議買單車給員工，總數是 350 鎊，議員們卻花上了大量時間，逐鎊詳細審議，皆因這是他們熟悉的數字。

1967 年，英國哲學家 Philippa Foot 提出了「電車問題」(trolley problem)：

一輛失控的列車在鐵軌上行駛。在列車正行進的軌

道上，有五個人被綁起來，無法動彈。列車將要碾過他們。你站在改變列車軌道的操縱杆旁。如果拉動此杆，則列車將切換到另一條軌道上。但是，另一條軌道上也有一個人被綁著。你有兩種選擇：

1. 什麼也不做，讓列車按照正常路線碾過這五個人。

2. 拉下操縱杆，改變為另一條軌道，使列車壓過另一條軌道上的那個人。

哪一個才是更符合道德的選擇？或者，更簡單地說：哪一種做法才是正確的呢？

在此，我並不打算去分析這個被引用了無數次的倫理學問題。

我只是想問一句：「假如不是列車，而是電影《Terminator》的劇情：死掉一個無辜的人，卻可令到整個世界、所有人類，不致於滅絕呢？」

很明顯，死掉 5 個人，和人類滅絕，兩者完全不同。這就是比例的重要性。

233. 人為調整：統計學是死的，人是生的，所以我們在得到統計數字時，雖然明知這是客觀的數字，但往往要加進自己主觀的再分析，從而得到更佳的答案。

2023 年 12 月，Google 旗下自駕汽車平台 Waymo 發表調查報告，指出使用其無人駕駛汽車「Waymo Driver」的意外事故率，較人類駕駛低 85%。這究竟是不是代表了它比人類駕駛更安全呢？

要知道，人類駕駛的失事率，包括了醉酒、不小心司機、車子失修等等原因構成，而這些佔了意外絕

大多數。一個規矩的司機，遭到意外的機率是少之又少。因此，「Waymo Driver」的意外率肯定遠高於規矩駕車的司機，但如果是一個不小心司機，則使用「Waymo Driver」會較安全，但這還沒計算「Waymo Driver」所使用的車子質素，應比路上行駛的車子的平均質素更佳。

234. 採樣：我們作出一項統計研究，並不需要得到全部的信息，這太麻煩、成本太高，不可能做到。為了簡化過程、減低成本，研究人員只會在整體中抽取部分，稱為「樣本」(sample)，作為研究對象。這過程稱為「採樣」(sampling)。

由於統計採樣只是部分，而非全部，必然有誤差。理論上，如果採用了正確的「採樣方法」(sampling method)，可以把誤差減至最低。

通常，最可靠的採樣方法是「簡單隨機抽樣」(simple random sampling)：從母體 N 個單位中隨機地抽取 n 個單位作為樣本，每一個樣本都必須有相同的機率被抽中。在這其中，樣本的每一單位完全獨立，彼此間無一定的關聯性和排斥性。

最後一提，在英文，如果被採樣的是人，稱為「subject」，如果是人以外的生物或死物，則稱為「object」。

235. 代表性：「代表性」的英文是「representativeness」，我在網上字典找到的定義是：「一小部分人或物究

竟能否精確地代表了一個大母體的典型。」這包括了抽樣的設計是否隨機，過程是否可靠，如果有問卷，其中的問題是否有誤導等等。

所謂的「偏差樣本」（biased sample），或稱為「採樣偏差」(sampling bias)，即是它在採用了不是最佳的採樣方式，因而令到樣本代表性不足。根據代表性不足的樣本去推論出結論，就不會準確。

至於「偏差統計」（biased statistics），指的則是用上不恰當的統計方法，例如計算方式，因此其得出的結論也不可靠。

236. 假設：必須有一個共同的前提，才可以作出討論。

為了共同作業，有時必須「假設」一個前提，假設它是正確的，從而展開作業。但這並不代表這「假設的前提」是正確。

假如你的兒子被人打了一頓，回家後同你哭訴。這時，你必須為他出頭，先決條件就是假設他對你説的是真話，才可以去同對方理論。在這裏，兒子的口供只是假設的事實，可能到了最後，發現本來認為是痛毆了你兒子的人，被你的兒子揍得更慘。但在當時當刻，你還未見到對方時，只有「拿著」兒子所講的「假設前提」來作為基礎，去找對方評理。換言之，「假設」不是事實，不是猜想，更不是理論，它只是一個作業平台，暫時用來作為分析的支架，當分析完畢後，它可能被證明是錯的，因而被丟棄了。

至於如何善用「假設」這工具，最被認受的使用方法是民國時的哲學家胡適所説的「大膽的假設，小心的求證」：當在「假設」階段時，你可提出任何荒誕不經的想法，皆因甚麼都有可能發生，而且，越是不可能的事居然是事實，這事實也就更有價值。然而，不管「假設」是如何的不可思議，但在「求證」的階段，必須要採用嚴謹的科學方法，「小心」地去作出證明。

237. 證明：假如我們要把「假設」變成「事實」，或者是「理論」，我們需要「證明」(proof)。

「證明」是一種科學方法，這其中包括了歸納法，和演繹法。

「數學證明」（mathematical proof）用的是演繹法，有著嚴格的規則和標準。

在現實世界，例如金田一或柯南去指證一個殺人凶手，有時也會使用演繹法，用推理去「證明」出誰是凶手。另外也有時會用歸納法，引用大量的事實，作為「證據」，去「證明」出誰是凶手這項事實。

238. 證據：要去「證明」一件事究竟是否事實，演繹法不算，如果用歸納法，理論上，「證據」越多，越能「證明」一件事。可是，歷史學家劉仲敬有一個説法：

如果我有足夠的人力和資金，不難根據現行學術規範，證明任何一個女人是「男女人」，而非女人或

男人。從前建構一套革命性的性別理論，可以反駁的餘地小於乾嘉學派或加州學派。任何考據不得不承認：這個她每一次喝酒、說髒話、打架、擁抱女生……的材料都比迄今絕大部分歷史論文的材料證據充足。即使她有生孩子證明自己是女性，我也能通向雙向操作，至少保證問題處在無法定論的狀態。我只要系統地收集醫生護士賴債、吵架、偽造學歷、證錯人、路盲、記錯時間、冒充自己知道一無所知的情況……的材料，同時舉出其他證人，在上述時間看見跟她無法區別的人經過地鐵、超市、圖書館……除非她有同樣或更多的人力或資金，她的論證明顯不如我的證證充實。一位理性客觀中立、嚴守學術規範、習慣無性生殖的天狼星學者更有可能把我的學派收入《宇宙百科全書》。

所以，不管有多少條證據，歸根結蒂，還是「信與不信」的問題。司法制度的「陪審員」，只是隨機選出的普通人，並沒有任何專業資格，他們決定一個人的有罪與否，不管看聽了多少證據，最終還是取決於個人喜好，因此熟練的律師都知道，挑選陪審員往往是決定案件勝負的關鍵：一個英俊的疑犯，當然是挑女陪審員比較有利。美國黑人欖球明星辛普森殺妻案，不消說，專挑黑人當陪審員，結果他被判無罪。

239. Bradford Hill criteria：「因果關係」既然可以科學化地解作統計學上的相關系數，因此，也可以用統計學

上的標準，去量度「因果關係」。1965 年，英國流行病學家 Bradford Hill 提出了九項標準，我把《維基百科》的簡譯照抄如下，其中刪掉了只和流行病有關，和思考無關的「生物梯度」、「連貫性」、「實驗」等三項：

1. 強度（效應值）：小的關聯並不意味著沒有因果效應，儘管關聯越大，它就越有可能是因果關係。

2. 一致性（再現性）：不同人在不同地方用不同樣本觀察到的一致結果增強了效果的可能性。

3. 特異度：如果在特定地點和疾病存在非常特定的人群，而沒有其他可能的解釋，則可能存在因果關係。因素和效應之間的關聯越具體，因果關係的概率就越大。

4. 時間性：結果必須發生在原因之後（如果在原因和預期結果之間存在預期的延遲，那麼結果必須在該延遲之後發生）。

5. 合理性：因果關係之間合理的機制是有幫助的（但希爾指出，對該機制的了解受到當前知識的限制）。

6. 類比：在觀察到的關聯和任何其他關聯之間使用類比或相似之處。

240. 概率：「概率」又稱為「機率」，「或然率」，日常語言的用法叫作「可能性」，是計算隨機事件的數學。從物理學的角度看，任何只要不自相矛盾的事都有可能發生，只是看看發生的概率有多少。例如說，原子在很低的概率下可以穿過另一顆原子，

而人不過是原子的集合，於是，理論上，如果你把身子撞向牆壁，概率上有可能穿透牆壁，你和牆壁均毫無損傷而你穿到了牆壁後面。不過，這概率太低太低太低太低，低得你一秒鐘撞一次，撞到宇宙滅亡，也不會出現。

物理學家常用的比喻是：你把一頭猴子放在打字機前，只要有充分的時間，牠可打出一整套莎士比亞全集。

241. 計算概率：概率上的「0」，表示不發生事件，「1」表示發生事件，因此，概率永遠是大於 0 小於 1。這「1」，在日常用法，寫作「100%」。

2022 年，中國發動多次軍事演習，導致台海緊張，退役陸軍少將、國民黨桃園市黨部前副主委于北辰有一次在電視節目中聲稱，台灣的天弓飛彈每發攔截率大約是 70%，若一次發射三發，「攔截率可達到 210%」。

這計算方法令到民眾嘩然，誰都知道，攔截率不可能超過 100%。正確的計算方法是：三發均能成功攔截的概率是 70% X 70% X 70%＝34.3%。

至於而 3 枚都不中的概率則是：30% X 30% X 30%＝2.7%。由於 100% - 2.7% = 97.3%，這即是說，有97.3% 的機率可以成功攔截至少一枚飛彈。

242. 獨立事件：概率中的「獨立」(independence)，指的是一事件的發生不會影響到另一事件發生的機率，

這其中，最具代表性的例子是擲骰子。

擲骰子常令人有錯覺，誤認為前後不同的擲法有其相關性，所以賭場通常會列出開骰的記錄，以供賭客參考。也正因這參考沒有任何作用，賭場才會陳列出來。

現實生活中，沒有完全獨立的兩宗事件。丈夫連續兩天晚了回家，妻子猜他在外面有了女人，連續兩天，當然不是獨立事件。但如果他第一天是和上司應酬，第二天是和老同學賭錢，這兩宗表面上是獨立事件，可這兩事件都是源於他不怕或不介意因晚了回家被妻子責罵。但仍然可以說，雖然這兩宗事件關係不大，仍然可被視為是獨立事件。

回到擲骰子，理論上，骰子的搖動並不平均，分佈成六面，位置也有不同，有著少許的差異，這差異必然影響到下一次搖骰的結果。雖然，這差異微小得用上現存的所有計算機也算不出下一次開的是甚麼，但是這一次的結果，肯定會影響到下一次。

243. 隨機事件：「隨機」(random) 在數學上有著嚴格的定義，隨機數字稱為「亂數」(random number)。前文講過在統計學上的「隨機抽樣」，也是最可靠的抽樣方法。

至於「隨機事件」(random event)，則是在是隨機試驗中，可能出現也可能不出現的事件，然而如果在大量重複試驗，則可能被測出具有某種規律性。世界上的大部分事件，表面上，是隨機的，例如好運衰

運，遠期的天氣，你在當天會遇上誰人，最明顯的，當然是骰子擲出的點數。

可是，理論上，如果你能掌握宇宙的所有數據，而且還有接近無限的計算能力，也即是後文將會提到的「拉普拉斯惡魔」，不排除你真能把每一宗看似是隨機的事件，統統計算出來，變成了確定。

244. 巧合：「巧合」和「隨機」是關連的概念。正如「數學巧合」（mathematical coincidence）指的是兩個數學表達式的值極為接近，卻未有任何理論解釋的現象，日常語言的「巧合」指的是兩者表現出很接近，例如你在舞會中踫到了女神，但卻並沒有任何理由去解釋得到這件事。

至於「隨機」，則指的是不主動去發生一件事，例如你不主動去結識、或刻意遇見女神，只是希望會無意遇上。這也許又可叫作「隨緣」。

這令我想起已故的民進黨主席施明德。他風流倜儻，自稱對女人的態度是「不主動，不拒絕，不負責」。可打趣說，「不主動」就是「隨機」，「不拒絕」是「巧合」，「不負責」即是「不去作理論性的解釋」，換言之，「負責」就是「對相關現象作出解釋」。

在現實生活中，絕大多數的「巧合」都不是「巧合」，正如我在小說《賭鬼》中寫的男主角趙天生在街上天天踫到女神李曉容，他因而也天天在該地等她。實質上，原來是李曉容也是天天故意去踫見他。

245. 蝴蝶效應：「蝴蝶效應」(butterfly effect）指的一件非常微小的事情，也可能帶來巨大的改變，皆因初始條的改變，有可能引起結果的極大差異，其中最常的闡述是「一隻蝴蝶在巴西輕拍翅膀，可以導致一個月後德克薩斯州的一場龍捲風。」

必須指出一點，就是「一隻蝴蝶在巴西輕拍翅膀」，極大概率都不會導致任何地方的龍捲風，但始終還有微小到接近不可能的概率。然而，每秒鐘世界上有無數的蝴蝶在拍翼，也有無數自然和人為現象在發生：大象小便，風車在轉，人在走路，獅子吃羊，太陽光照，水在流動，螞蟻上樹……種種事件都有哪怕是最微小的可能影響到整個地球，如此之下，每年也德克薩斯州也大約會發生一百宗龍捲風。

這在人世間，最明顯的例子，當然是成吉思汗、希特勒等人的出生，影響了世界歷史的進程，但這只是基於其父母的一時興起，只要性行為的時間多一秒或少一秒，都不會有這個人的出生。也別忘記，世界上大部分人，包括作者本人在內，生生死死，完全沒有影響到任何後世的歷史。

246. 決定論：所謂的「決定論」(determinism)，《維基百科》的說法是：

決定論認為，自然界和人類世界中普遍存在一種客觀規律和因果關係。一切結果都是由先前的某種原因導致的，或者是可以根據前提條件來預測未來可能出現的結果。

其重要的觀點即是「有其因必有其果」或黑格爾的「凡是合乎理性的東西都是現實的，凡是現實的東西都是合乎理性的」。

1814 年，法國數學家拉普拉斯出版了《機率論》，其中有說：「此智者若知道宇宙中每個原子確切的位置和動量，能夠使用牛頓定律來展現宇宙事件的整個過程，包括過去以及未來。我們可以把宇宙現在的狀態視為其過去的果以及未來的因。假若一位智者會知道在某一時刻所有促使自然運動的力和所有組構自然的物體的位置，假若他也能夠對這些數據進行分析，則在宇宙裡，從最大的物體到最小的粒子，它們的運動都包含在一條簡單公式裏。對於這位智者來說，沒有任何事物會是含糊的，並且未來只會像過去般出現在他眼前。」

這位能知每顆原子運動的「智者」，後來被稱為「拉普拉斯惡魔」。我們現在知道，牛頓力學的計算雖然是確定的，但是更精密的量子力學在微觀層次中卻有著不確定性，因此，在這層次，拉普拉斯惡魔不可能存在。但隨著科學發展，並不排除未來會有更高層次物理學被發現，到時又可把微觀世界的一切確定，並且完全預測。

247. 乘法定理：雖然是超過一宗獨立事件，但要計算它們同時發生的可能性，就需要乘法，學術名稱叫「乘法原理」(multiplication principle)。套之於先前講的飛彈攔截率 70% X 70% X 70%=34.3%，正是基於「乘法

原理」。

我們可以用「乘法原理」去計算每一事件發生的概率，例如説，前文講過，一頭猴子坐在打字機面前，打出莎士比亞全集所需要的時間：牠平均多久打一隻字，一個鍵盤有多少個字，這就可以算出連續打對 2、3、4、5、6、7……個字的時間，然後，再查看整套莎士比亞全集的總字數，那就可以得出這個窮盡宇宙粒子也排不完這數字的概率。

248. 加法原理：另一個常用的概率計算方式，是「加法原理」（addition principle）。這計算方法存在於「互斥事件」（mutually exclusive），例如生男生女就是「互斥事件」：一胎之中不是生男，就是生女，這兩者不可能同時存在。你可千萬不要強辭説可以是雙胞胎，或是陰陽人，皆因我講的是原理，只要你明白理箇中理論就可以，用不著拘泥於例子的絕對正確。

例如説，從 A 地到 B 地可以乘坐飛機、火車、巴士等三種交通工具，飛機每天兩班，火車每天八班，巴士每天 12 班，於是，遵從「加法效應」，一共有22 個不同的可能。

249. 大概率事件：既然世上沒有甚麼是 100% 必然發生，只要遇到有極大概率會發生的事件，就假定它必然會發生。這在英文叫作「大概率發生」（happen with high probability），這就像太太嗅到丈夫的身上有香水味道，有很多的可能性，但由於她假設這是極大概

率丈夫與另一女人有過親密接觸，因而生了這假設。究竟多大的概率才算是「大概率」呢？這沒有一定的定義，有人認為，超過五成就算，有人認為，要接近無限大。我且說一個林彪比較自己和粟裕的戰法的評估：

「我因為長期以來，肩負保衛黨中央的重任，又是毛主席直接指揮的主力，我的擔子很重，打仗較為慎重。一般情況下，有了七成把握才打，只有五六成把握，風險太大，不能打，等到有了八九成把握，又會失去戰機，無仗可打！而粟裕同志呢，長期遠離中央，長期孤軍作戰，一般情況都是在敵人包圍的態勢下打的仗，不冒險就無法生存，養成了他敢於冒險的特點。如豫東戰役，我看最多只有五成把握。拿這次淮海戰役來說，沒讓杜聿明跑掉，就值得研究、探討和借鑒。」

250. 趨勢：「趨勢」就是根據以往的信息記錄，從而預測其未來的發展，這可以憑藉客觀的數字，例如統計學，也可以憑藉過往的歷史事件，例如中國所謂的「鑑古知今」，以及馬克思主義對於未來的歷史趨勢預測，是世界將從資本主義過渡去社會主義，再到終極的烏托邦社會，即是共產主義。

用「趨勢」去預測未來，說穿了，是歸納法。然而，歸納法正如「羅素的雞」，並不一定準確。

幾十年前，科學家認為人類的數目越來越多，將會壓垮地球的資源。誰知到了今天，先進國家人口急

速減少，連印度在 2020 年的生育率也只有 2.05，低於維持人口不變的 2.1，現時只有伊斯蘭社會的生育率才會高於 2.1。至於投資者憑藉看圖表趨勢而炒股票的，輸到跳樓，更加屢見不鮮了。

所謂的「未來學」(futurology)，是一門跨學科領域，企圖利用現時的人自然科學和社會科學的方法，去預測未來。查所有的學科，包括物理學、化學、生物學、社會學、政治學、經濟學等等，均有預測未來，而各大型科技公司，包括美國的谷歌、臉書、微軟，以至中國的華為、騰訊等等，均也在預測和投資未來，只不過，未來學在世界各大學，暫時未有開設專門的學院或學系。

251. 統計圖表：統計是一堆數字，我們可以把數字用圖來表達，即是把數據整合，劃成圖表。最常見的「統計圖表」有四種形式：直方圖 (histogram)、長條圖 (bar chart)、圓餅圖 (pie chart)、折線圖 (line chart)。

憑藉圖表，可以更容易的看出趨勢。正如「羅素的雞」，從歷史信息去預測未來，不一定絕對準確，甚至可以說，從長期來看，是絕對不會準確，或者說成是必定有一日會變得不準確，因此炒股票的投資者有一句老話，叫作「圖表陷阱」，指的就是從圖表看趨勢，本來一直準確的，忽然有一天變得不準了。

252. 基本因素的改變：統計學上，大家都知道，樣本越

多，越是準確。現時我們擁有最大的樣本數據，就是人類的壽命，不算虛無縹緲的古代神話傳說，單看可靠的資料記錄，少說也以百億、甚至千億人算。在在這百億、千億人的記錄中，壽命最長的，是法國的 Jeanne Louise Calment，從 1875 年 2 月 21 日活到 1997 年 8 月 4 日，一共活了 122 年又 164 天。

由於有太多的樣本記錄，超越她的機會率很低，如果有一天，有一人，甚至不止一人，活過了她的記錄，那麼，我們如能得出一個結論：就是科學縱使還未能令人長生不死，至少也有了令到人壽大幅增加的方法。

換言之，這是基本因素改變了，因此，整個趨勢也因此而改，而單從圖表來看，其未來趨勢也變得無法預測。簡單點說：圖表一旦出現不合理的走勢，意即發生了一個重大的基本因素的改變。

253. 小概率事件、不可能事件：既有「大概率事件」，就有「小概率事件」，一般來說，統計學把低於 5% 的可概率，列為「小概率」，因此會以 95% 作為統計的基礎：低於 5% 的部分，假設不會發生。

比「小概率事件」更低概率的事件，稱為「不可能事件」，猴子打完莎士亞固然太過極端，話說中國的「快樂 8」福利彩票一共有 80 個號碼，每次開出 20 個。2023 年 12 月 2 日，江西省南昌市，有一個人用 10 萬元買了 5 萬注，全都是 40、41、42、44、63、64、65。

開彩結果，這 7 個號碼全中，這稱為「選七中七」，單注獎金 4,475 元，加起來就是 2.2375 億元了。同一次開彩，沒有人「選十中十」，只有一人「選九中九」，只得到單注獎金 30 萬元，對比之下，「選七中七」的那位應算是中了大獎，而且一注中彩不超過 5,000 元，因此不用納稅。

這事件令到公眾嘩然，皆因這事件在統計學上雖然不排除發生，但在現實上，則接近是「不可能事件」。因此，人民難免質疑福利彩票做假。

254. 倖存者偏差：統計學的盲點有很多，無法也無需一一盡錄，這裏先講一個「倖存者偏差」（survivorship bias）。這可用簡單的一句話來表明：死人不會說話。前文講過的故事：尾部遭擊的飛機都回不來，因此它們無法「證明」自己才是最大的傷亡者。

《維基百科》在這欄目提出的例子是：「喬布斯勇於挑戰體制而成功了，所以大家應該都去嘗試挑戰體制。」而其說明則是：「上述例子中卻沒有提到一樣是挑戰體制卻失敗的人，僅僅只是以一名成功者說明，卻沒說明失敗者的下場。」

有一個投資界很有名的比喻：一群人玩剪刀石頭布，玩到最後一人，得到所有獎金，但這並不代表他的能力最強，只是運氣最佳。在投資界，往往也有一些幸運地發大財的人，人們以為他真能幹，因而跟他投資，到最後，他的運氣完了，輸光收場，也連帶累了跟他投資的人。

255. 後果：憑著已發生的事件去預測未來，並不一定是科學，也並不一定動用數學。在人間世界，我們也可以根據經驗，去預測後果，而這是也是思考能力，即智力的一種。

2012 年，15 歲的少年曾明斯譏笑同班 16 歲的女同學歐陽真儀是「淫娃蕩婦」，歐陽遂找其男友黎俊文出頭。黎是黑社會新義安的成員，叫了其大佬梅振宇，以及幾位「兄弟」。

8 月 8 日，歐陽約了曾明斯到清水灣半島約 250 公尺的海濱長廊對開一條跨海橋橋躉下的休憩公園。曾明斯到達後，發覺對方人多勢眾。涉事眾人對曾拳打腳踢，梅把曾的肋骨踏斷，將其頭部打至凹陷，反白眼至暈厥，再淋啤酒，並令他不斷飲啤酒。

眾人一邊吸煙、飲啤酒、玩啤牌，梅振民忽然想到了滅口，大聲問：「你哋想一齊死定佢，曾明斯，應該死？」

於是，梅振民和石嘉坤取走事主的私人財物，走路約 45 分鐘，去到日出康城附近海邊的草叢，曾明斯一度求饒，但被告知他一定會死。梅叫人到附近找繩和石頭綁事主的腳，其後他與石再毆打事主，然後把他拋進海中，然後清理現場，及用蚊怕水抹走指紋。

眾人其後再在麥當勞會合吃早餐，商討如何棄掉事主財物等。三日後，曾明斯被發現浮屍日出康城對出海面，下身赤裸。

五個月後，警方拘捕七人，其中兩位成為特赦人證

人，歐陽真儀和另一人承認了誤殺罪，並擔任污點證人。2014 年 12 月 10 日，陪審團一致裁定三名被告，23 歲的侍應石嘉坤，30 歲無業的黎俊文，35 歲無業的梅振宇謀殺罪成立，依例判囚終身。

這宗案件，法官在審判時説出了重點：如果傷人後要滅口，那麼，應是在相約曾明斯出來時，已等於是決定了最終的結果是要殺掉他。

但很明顯，如因取笑一位女生是「淫娃蕩婦」，最終殺掉他，這未免太過離譜。換言之，在他們行事之前，完全沒有想到後果是會坐牢，而因要避免坐牢，就要殺人滅口。

然而，行事者並非只有一個人，而是足有七個，莫非七個人也想不到這必然的後果？由此可見，不計後果是人類的思考盲點之一，這就像男人看到美女，作者本人看到美食，往往不去思考後，先做再想。

反過來看，預測後果是高級思考的一種。常常在家裏搞破壞的貓貓狗狗，則還未進化出這高級思考的能力。

256. 哲學、形而上學、玄學：哲學家羅素在《西方哲學史》對「哲學」的説法是：「就我對這個詞的理解來説，乃是某種介乎神學與科學之間的東西。它和神學一樣，包含著人類對於那些迄今仍為科學知識所不能肯定之事物的思考；但它又像科學一樣，是訴之於人類的理性而不是訴之於權威的，不論是傳統的權威還是啟示的權威。一切確切的知識（羅素認為）

都屬於科學；一切涉及超乎確切知識之外的教條都屬於神學。但介乎神學與科學之間還有一片受到雙方攻擊的無人之域，這片無人之域就是哲學。」

《維基百科》對「形而上學」(metaphysics）的說法是：「在古希臘時期指研究存在和事物本質的學問……是哲學的一個分支或範疇……對於不能直接透過感知所得到答案的問題，它在先驗條件（可看成公理化的假設）下，透過理性的邏輯推理推演出答案，並且不能與經驗證據相矛盾。它是人類理性對於事物最普遍的面相和終極的原因的探索的一門學科。」

中國的「玄學」則有兩指，一指的是魏晉時代以道家、儒家為基本的清談，二指的是風水命理等神秘學問。

以上三者，均脫離了本書的描述範圍，我之所以在此寫出來，請看下節。

257. 故弄玄虛：漢語成語的「故弄玄虛」指的是：有意裝作深奧，以迷惑他人。且讓我講一個故事：

前文說過的「批判理論」，相關學者的作品永遠是一大堆令人難以理解的抽象詞彙，砌在一起，看得頭疼。可是，越是難明難解的理論，越是多人去研究，以證明自己的深度。我年輕時，這些「高深的」理論雖然漸不流行，但仍有部分文化界孜孜不倦地去研究。

Alan Sokal 生於 1955 年，是倫敦大學院的數學教授、紐約大學的物理學教授。1996 年，他寫了一篇名為

《Transgressing the Boundaries: Towards a Transformative Hermeneutics of Quantum Gravity》的文章，投稿到杜克大學出版的文化期刊《Social Text》。由於有科學家寫關於解釋學的論文，相等於承認了這本刊物和其左翼文化理論的正統地位，因而很愉地地刊登了這篇文章。

然而，在這之後，Alan Sokal 公開承認，該文只是一件惡作劇，通篇內容不過是名詞堆砌的胡說八道。毫無疑問，這篇文章，對於該期刊和以上的文化理論，是致命的打擊。

時至今日，已沒有人去研究以上胡說八道的哲學理論了，而「批判理論」的論點，則改頭換面，用了科學語言的包裝去作闡明，甚至連「批判理論」這名詞也沒人提及了。

這故事告訴我們，的確有些人喜歡故弄玄虛的作品，以示自己的文化和知識水平。要此作法，首先得發明一些令人費解的新名詞，例如「存在主義」。由於大有市場，在每個不同時代，均有不同的故弄玄虛人士，這正如玩玄學的中國江湖術士，先別管其預測是否靈驗，但在預測之餘，永遠有一套鬼扯的不通理論，甚至扯上現代科學，壓根兒與其預測無關。無他，其客人就是喜歡這調調兒。

在此聲明，就親身的經驗，中國的命理玄學，雖然我無法理解箇中原理，卻有著一定的可靠性，雖不是全準，但準確度卻遠高於隨機亂撞。我只是認為它並未發展出一套與現代科學相容的說法，可是業

界卻死要把它扯上科學，而他們又對科學一知半解，因而只能講出一些似是而非的所謂「理論」。

258. 簡單問題複雜化：所謂的「故弄玄虛」，也即是「簡單問題複雜化」。《觀察者網》在 2022 年 4 月 22 日刊登了一篇由「兔主席」撰寫，名為《兔主席：COVID-19，撕裂人類的魔幻病毒》的文章，其留言有這樣的一段：

西方構建的社會科學有一個通病，簡單問題複雜化。具體過程是：

1. 創建一個莫名其妙的新詞，稱之為概念。

2. 給這個概念以一大堆設有嚴格前提條件，語義繁雜，結構多元，內涵外延混沌的解釋，稱之為定義。

3. 再為這個概念設定諸如時間、空間、分類、屬性、特點、這個率、那個項……等切割角度，稱之為指標。

4. 再把這些指標按不同結構堆砌在一起，稱之為模型。

5. 再對這個模型捅捅這個指標，拽拽那個指標，看看模型的變化，稱之為分析。

6. 把這些捅捅、拽拽、看看的過程和結果記錄下來，稱之為論文。

7. 搞了幾篇這樣的論文的人，稱之為專家。

剩下的就是專家小圈子裡自嗨了。

259. 複雜問題簡單化：在現實應用，我們很難避免「複

雜問題簡單化」的做法，甚至故意這樣做。例如説，把一本書，或一篇文章，撮寫成大綱，給領導去速讀。基本上，這應該算是一種能力，而不是錯誤。我們也深知，把複雜問題簡化了，必然也會漏掉了部分，甚至是大量重點，這也是免不了。但是，如果簡化得不好，把中心思想也刪去了，這就構成了錯誤。

這好比，牛頓寫的《自然哲學的數學原理》是一本幾十萬字的鉅著，但你無論如何簡化，也不能把它的萬有引力公式簡化掉，皆因這就是中心思想的所在。

260. 其他的意義：那麼，這究竟是不是代表了，沒有認知意義的句子，就是沒有意義呢？這又不是，皆因句子的意義並不止是認知意義，還有一些其他的意義。

根據李天命在《語理分析的思考方法》的分類，還有「規範意義、情感意義、評價意義、美學意義……例：『學生應該穿著校服回校上課』、『春花秋月何時了，往事知多少』、『萬官皆下品，惟有讀書高』、『大江東去，浪淘盡，千古風流人物』。」

至於林敏聰那句 48 字的話，則可列入「毫無意義」的分類。

261. 利令智昏：《呂氏春秋》講過一個故事：齊國有人想要得到金子，於是走到金行，見到人的手裏拿著

一塊金，搶奪了過去。工作人員捉住他，縛了他，問他：「這麼多人在，你為何還要搶金？」齊人說：「我見不到人，只見到金子。」

美國也有類似的故事。二十世紀中期，Willie Sutton 多次搶　銀行、多次逃獄，人們問他：「為何經常劫銀行？」(Why do you always rob banks ？)他的回答是：「因為錢在哪裏。」(Because that's where the money is.)

中文成語「利令智昏」的意思，就是形容人因貪圖利益而喪失理智。這是常常發生的狀況，難以避免而必須避免。印度有一句諺語：「能夠克制住自己的人，才不會去擁抱別人的老婆。」

Willie Sutton 否認說過這句話，不過這話已深入民心。英文的「Sutton's law」是醫學慣例，意即診斷應從最明顯的徵狀開始嘗試，這是最省功夫、效益最高。

262. 被洗腦：另外一種常見的令人喪失思考能力的形式，是他「被洗腦」，這手法在政治、,濟、宗教等領域，是極普遍的作法。

「洗腦」可以被視為「精神控制」，或「心靈控制」，《維基百科》的說法是：「有意圖或強制性地向被操縱者灌輸思想，以迎合操縱者的目的或特定主張的一連串手法與過程的行為。洗腦本質的含義：採用手段將符合自己利益的認識與思想去灌輸給他人。」

「洗腦」的手法有幾個特點，如排他性、循環論證、

利益承諾、咒語化、儀式化、重複性。

這裏說一個「洗腦」的個案。

「NXIVM」是位於美國紐約州的層壓式傳銷公司，創立於 1998 年，創辦人是 Keith Raniere。這公司推銷的是「執行成功計劃」（Executive Success Programs），自稱是一個人道主義、互助會性質的培訓機構，這是一個五天課程，提供個人和專業發展講座，「為女性消除心理和情感障礙，促進更好的自我實現」，報名費是 5,000 美元。

Raniere 的「洗腦」手法，包括了要求信徒，比如在生理期用冷水沐浴，凌晨去屋外裸體站立一個小時，以及用烙燙工具在信徒的髖骨下方烙上一個 2 英寸）見方的符號，過程約 25 分鐘。

培訓後，學員將成為他的性奴，並且作為共謀，吸納其他人加入。

2018 年，聯邦調查局出手打擊「NXIVM」，並且起訴了 Raniere 等共七人，包括了荷活明星 Allison Mack、加拿大飲料巨頭西格拉姆 Seagram 繼承人，Clare Bronfman 墨西哥前總統的女兒 Ana Cristina Fox 等等。這時，它已有 1.6 萬會員。

Raniere 被控七項罪名，包括了敲詐勒索、性交易、共謀犯罪、對一名 15 歲女孩的性剝削，全部入罪，判囚 120 年監禁。

廣義來說，我們接收任何信息，從父母到師長、友人、同事、政府、教會等等所受到的教育、教化、社化，以至於宣傳等等，無不有著「洗腦」的作用。

所以，社會只把違反法律，或不符合道德傳統的，才會叫作「洗腦」。

263. 爭辯的勝負：思考是一個內心活動的過程，爭辯則是把思考訴諸現實。然而，除了參加辯論比賽，雙方的爭辯才會有勝負之分。當然，如果你把思考的過程和結果發之為文，或拍成視頻，放在社交媒體，也可能會有留言，民意取向會吐出對你的發言的想法。

以前我常說一個梗：誰說最後一句，誰就是贏家。所以民間雙方爭辯時，往往你一言，我一語，永不停止，完全遵守這一「法則」。

現在則有一個流行的梗：小和尚問老和尚：「有甚麼幸福少煩惱的方法？」老和尚回答說：「不與蠢人爭論。」小和尚說：「我覺得不對。」老和尚馬上說：「是，你是對的。」

264. 行動：總結一段：思考的作用是自我修養，最佳結果是自我感覺良好，而且把性情陶冶了，並沒有任何實質作用。

我們如要成功，訣竅不是思考，而是行動：孔子晚年是個窮困的教員，耶穌死時只有十二門徒，馬克思更是潦倒貧困到妻子和小女兒都病了，也沒錢看醫生和買藥，全仗賴一群智力遠不如，行動力遠勝的門徒，把兩人的學說發揚光大。

更糟糕的個案，是蘇格拉底因不信神，被控以不虔

誠和腐蝕雅典青年思想，結果被 500 位公民所組成的陪審團，以 360 票對 140 票判死刑。二千多年後的今天，我們可以極為肯定的說，蘇格拉底的思想是正確的，因今日已無人信奉當時的希臘神袛了。不過在當時，聰明蓋世的蘇格拉底只有飲下毒堇汁而死了。

縱然我並不相信「批判理論」的內容，但其宣揚的作法，即是行動與思考並重，卻至少對了一半……對了的一半是，只要有行動，沒有思考也沒相干。成吉思汗並非博學鴻儒，李嘉誠唸到初中。網上流傳兩幅圖畫，一幅是失業的哲學系畢業生，認為沒唸過大學的人都很笨。另一幅是電器工，只有中學程度，收入不俗，正在剪掉前者因沒錢交電費而被停的電力供應。

265. 你是對的，但你死了：很多年前，有一個少女拿了車牌不久，當天剛買了一台新車，我有幸坐在副駕駛位。開到半途，在迴旋處，一台車突然開過來，她沒有讓，差點撞了。

她對我說：「明明是我對，他錯，為何我要讓他？」我說：「你是對的，但剛買的新車，撞了，誰的損失？」

思考是腦細胞的活動，這只是決策的第一步。思考正確並不等同於勝利，執筆寫此書時，俄烏戰爭正在開打，不管結果怎樣，烏克蘭國土已被打個稀巴爛，死了以十萬計的人，跑掉了以百萬／千萬計的

人口。

這場戰爭是一連串不同國家博奕的後果，根據烏克蘭方面的說法，它作出的政治操作完全合情合理，俄羅斯的行為是侵略，違反了國際法。純以「結果論」去看：不管烏克蘭的理據是如何正確，但它是輸家，如果歷史可以重來，相信它必然不會作出相同的政治操作，以避免發生這場不可承受的戰爭。

司法世界越來越流行的「仲裁」(arbitration)，又譯作「調解」，是可省掉大量司法成本，而解決糾紛的方式。仲裁員通常的方法是不管誰對誰錯，而是現實地指出：如果官司打下去，你的律師費將會是多少，就算是贏了官司，也可能有損失，如果輸了官司，損失又估計是多少。

換言之，這並非是以對錯的角度去作決策／行動，而是用現實的計算，就可以避免：你是對的，但你死了。

266.　贏家思考：當然，既對，又贏，是最好的決策，可是如果在正確和贏之間，要作出抉擇，該如何選呢？

再細分下去：如果是小的決策，影響到的只是區區小錢，也許我們會選擇你認為「對」的事，但如果是牽涉到生死，你所屬的共同體、甚至是整個人類的存亡，你是否仍然堅持「對」呢？

事實是，在科學上，可分出嚴格的對錯，但是在人類的糾紛，99.9999% 都沒有絕對的的對或錯，小如夫婦爭吵，有「清官難審家庭事」的成語，大至大

國的領土糾紛，我略查《維基百科》，約有二百個項目，牽涉的國家都是各持理據。有鑑於此，在以前的歐洲，認為打一場仗，用來決定爭拗，是最乾脆的方法。

同樣原理，當時的歐洲人也認為，男人決鬥，用生命來作定奪爭拗的勝負，是最有效率的解決爭端途徑。只是在第一次世界大戰之後，這方法已被停止使用。

納粹軍官 Joachim Peiper 在 1974 年説了一名句：「歷史是勝利者書寫，失敗者的歷史只有親歷者才知道。」把德文翻譯成英文是：「History is always written by the victor, and the histories of the losing parties belong to the shrinking circle of those who were there.」

香港有一個反對家庭暴力的廣告：

短片由收音機的畫面開始，畫外音是收音機節目主持的聲音，介紹如何修補打破了的瓷器，然後便是充滿暴力意像的畫面，打破了的花瓶、玩具、鐘等，接着是低角度拍攝在爭執中的人，爸爸把孩子及媽媽推出門外，用力關門。短片隨即進入靜音狀態，爸爸蹲下來，撿起地上的照片框架，內有一家三口的全家福，通過碎裂的玻璃片，看見三人愉快的照片，暗示一家人本來生活愉快。

畫面回到蹲下來的爸爸，旁述説道：「吵架贏了，把家輸掉值得嗎？請停止一切家庭暴力。」（廣東話原話：「贏咗場交，輸咗個家。值得咩？請停止一切家庭暴力。」

思考能力是個人修養，討論可以，可千萬別把討論淪為無休止的爭吵。作為行動後的贏家，才是最重要的。

思考方法 How To Think 增訂版

作　　者：周顯

出　　版：真源有限公司

地　　址：香港柴灣豐業街 12 號啟力工業中心 A 座 19 樓 9 室

電　　話：（八五二）三六二零 三一一六

發　　行：一代匯集

地　　址：香港九龍大角咀塘尾道 64 號龍駒企業大廈 10 字樓 B 及 D 室

電　　話：（八五二）二七八三 八一零二

印　　刷：美雅印刷製本有限公司

初　　版：二零二四年二月

初 版 一 刷：二零二四年三月

二 版 一 刷：二零二四年八月

如有破損或裝訂錯誤，請寄回本社更換。

ISBN ： 978-988-76536-6-0